DOCUMENTS POUR SERVIR A L'HISTOIRE DE LA CÉRAMIQUE
DANS LE SUD-OUEST DE LA FRANCE

III

NOTES ET DOCUMENTS

sur quelques

FAÏENCERIES ET PORCELAINERIES

DE LA GASCOGNE AU XVIIIe SIÈCLE

(Samadet, Bayonne, Saint-Maurice et Ligardes. Dax, Ciboure et Pontenx).

PAR

ERNEST LABADIE

AUCH
IMPRIMERIE CENTRALE, RUE DE BELFORT, 5.

1908

Ouvrages du même Auteur

Documents pour servir à l'histoire de la Céramique dans le Sud-Ouest de la France.

I. — Lettres sur la Céramique : Correspondance de Jacques Hustin, faïencier bordelais (1715-1720). *Bordeaux*, 1904, in-8°.

II. — Le Pharmacien Bordelais Marc-Hilaire Vilaris et la découverte du premier gisement de koalin en France (1766-1768). *Revue philomathique de Bordeaux*, 1907.

IV. — Notes et Documents sur quelques anciennes faïenceries de l'Agenais et du Bazadais. *Revue de l'Agenais*, 1907.

En Préparation

Notes et Documents sur quelques faïenceries du Périgord au xviiie siècle.

Une Manufacture bordelaise de porcelaine au xviiie siècle.

Histoire des faïences bordelaises des xviiie et xixe siècles.

DOCUMENTS POUR SERVIR A L'HISTOIRE DE LA CÉRAMIQUE
DANS LE SUD-OUEST DE LA FRANCE

III

NOTES ET DOCUMENTS

sur quelques

FAÏENCERIES ET PORCELAINERIES

DE LA GASCOGNE AU XVIIIe SIÈCLE

**Samadet, Bayonne, Saint-Maurice et Ligardes.
Dax, Ciboure et Pontenx.**

PAR

ERNEST LABADIE

AUCH
IMPRIMERIE CENTRALE, RUE DE BELFORT, 5.

1908

Extrait de la *Revue de Gascogne* 1907-1908

(Tiré à cinquante Exemplaires)

AVANT-PROPOS

On s'occupe beaucoup depuis quelques années de recherches concernant l'histoire de la céramique en général depuis la plus haute antiquité jusqu'à nos jours. C'est le goût de la collection si répandu depuis quelque temps qui a amené certains amateurs plus érudits que d'autres à découvrir des documents sur les pièces de leur collection et les conservateurs de nos musés à se renseigner sur les objets dont ils ont la garde et qu'ils désiraient classer et cataloguer. Certaines de ces recherches bien dirigées ont eu pour résultat la publication d'ouvrages remarquables, édités avec luxe, sur les grandes fabriques françaises et étrangères de faïence et de porcelaine.

Après les manufactures célèbres comme celles de Chine et du Japon, de Saxe et de Sèvres pour la porcelaine, comme celles d'Italie, de Hollande, de Nevers et de Rouen pour la faïence, on a abordé les fabriques de second et même de troisième ordre qui n'ont point un grand intérêt au point de vue de l'art céramique, mais qui nous offrent un sujet d'étude qui n'est pas à dédaigner pour l'histoire de l'industrie au XVIIIe siècle, des arts et manufactures, comme on disait alors.

Pour la région du Sud-Ouest de la France, pour nos deux grandes et belles provinces de Guyenne et Gascogne où ont fonctionné au XVIIIe siècle de nombreuses faïenceries peu connues et plusieurs porcelaineries absolument ignorées, fabriques d'où sont sortis des produits parfois fort estimables, quelques bonnes notices et même d'importants ouvrages ont paru soit à part, soit dans des périodiques de la région (1). Mais les auteurs de toutes ces études reconnaissent eux-mêmes que leurs recherches sont très incomplètes et que ce n'est qu'à la longue et à la suite de nouvelles découvertes qu'on pourra établir pour chaque région et même pour chaque fabrique une description définitive. Il faut donc que chacun apporte de nouveaux documents pour parfaire l'œuvre commune et c'est ce que nous venons faire aujourd'hui pour la céramique gasconne (2).

Nous faisons depuis assez longtemps des recherches sur les fabriques de faïence du Bordelais, et en fouillant dans les vieux papiers de nos archives publiques nous avons trouvé pas mal de renseignements intéressants et inédits sur d'autres manufactures de la région, et comme nous n'avons pas l'intention de pousser plus loin nos investigations en dehors de la partie borde-

(1) TARBOURIECH (A.), *Documents sur quelques faïenceries du Sud-Ouest de la France*, *Paris*, 1864, in-12 (Extr. de la *Gazette des Beaux-Arts*). — ED. FORESTIÉ, *Les anciennes faïences de Montauban, Ardus, Nègrepelisse, Auvillars*. Montauban, 1876, in-8°. — Dr AZAM, *Les anciennes faïences de Bordeaux*, Bordeaux, 1877, in-8° (Extr. du *Bull. de la Société Archéologique de Bordeaux*). — Dr SORBETS, *Faïences de Samadet (Landes)*, *Bull. de la Société Borda*, Dax. t. XX (1896), p. 61-79. — PICOT, *La faïence de Samadet*, *Bull. de la Société des Sciences et Arts de Pau*, t. XX (1890-1891), p. 387-392. — G. SABATIER, *Les anciennes faïenceries de l'Agenais : Moncaut, Laplume*, 1897, in-8° (Extr. de la *Revue de l'Agenais*). — CALCAT, *Faïencerie d'Auch*, *Revue de Gascogne*, 1898, p. 379-385. — Le même. *Peintres sur faïences auscitains au XVIIIe siècle*, *Revue de Gascogne*, t. XII p. 303, — PAUL LAFOND, *La manufacture royale de faïence de Samadet*, *Réunion des Sociétés savantes des Beaux-Arts des départements*, 1900, p. 243-272. — Dr L. SENTEX, *La faïencerie de Samadet (Landes)*, 1732-1840, Dax, 1903, in-8° (Extr. du *Bull. de la Société Borda*). — ERN. LABADIE, *Lettres sur la céramique : Correspondance de Jacques Hustin, faïencier bordelais* (1715-1720), Bordeaux 1904, in-8°.

(2) Dès 1864 en engageant ses « studieux compatriotes » à « recueillir sur nos faïences des souvenirs plus précis et surtout à en retrouver des produits authenthiques », M. L. COUTURE ajoutait : « Nous serions heureux de contribuer pour notre humble part... à en amener la révélation ». *R. de Gasc.*, 1864, p. 531.

laise, nous croyons devoir publier dès maintenant tout ce que nous avons appris sur certaines fabriques de la Gascogne, dans l'espoir que ces notes et ces indications pourront servir à d'autres érudits céramistes.

C'est ainsi que nous allons produire quelques documents et aperçus nouveaux sur la faïencerie de Samadet en Chalosse qui a été l'objet de deux ou trois études fort intéressantes (1), sur celles de Bayonne, Saint-Maurice et Ligardes qui n'ont jamais été citées et dont les produits sont absolument inconnus. Nous ferons ensuite connaître les recherches qui ont été faites aux environs de Dax pour découvrir des gisements de kaolin avant qu'on eût trouvé le célèbre gisement de Saint-Yrieix en Limousin en 1768. Enfin nous terminerons en signalant par des documents d'archive les deux porcelaineries de Pontenx et de Ciboure dont personne n'a encore parlé.

E. L.

Bordeaux, Avril-Août 1907.

(1) Voy. la note de la page précédente.

NOTES ET DOCUMENTS

sur quelques

FAÏENCERIES ET PORCELAINERIES de la Gascogne au XVIIIe siècle

Samadet, Bayonne, Saint-Maurice et Ligardes.

Dax, Ciboure et Pontenx.

I. — Faïenceries

(SAMADET. — BAYONNE. — SAINT-MAURICE. — LIGARDES.)

De tout temps et depuis les époques les plus reculées il y a eu dans cette partie de la France, comme dans les autres contrées du monde civilisé, des potiers de terre qui ont façonné l'argile pour la rendre propre aux usages domestiques. Mais il ne faut pas confondre la faïence avec la poterie mate, lisse ou vernissée, comme on le fait trop souvent. La faïence est un produit parfaitement caractérisé se composant d'argile cuite et recouverte ensuite d'un émail généralement blanc à base de plomb et d'étain. C'est sur cet émail qu'on applique des couleurs d'une nature spéciale et on vitrifie le tout à une haute température portée parfois jusqu'à treize et quatorze cents degrés. C'est en somme cet émail blanc, dit stannifère parce qu'il contient de l'étain, qui constitue la véritable faïence et qui la distingue de la poterie vernissée dont la couverte ou glaçure ne comprend que du plomb et au lieu d'être blanche et opaque est vitreuse et ne se prête pas au décor (1).

Dans cette notice sur la céramique gasconne nous ne nous occuperons que des faïenceries, laissant de côté les ateliers de potiers qui demanderaient des recherches spéciales à travers les âges les plus reculés.

Les Egyptiens, les Assyriens et les Perses ont connu sinon la faïence proprement dite du moins l'émail stannifère dont ils ont recouvert leurs briques à revêtement employées par eux pour décorer leurs édifices (2). Les Perses surtout ont poussé très loin l'art du céramiste et on retrouve leur procédé de fabrication dans les faïences de Rhodes qui remontent au XIVe siècle et dont le Musée de Cluny à Paris possède une collection de plus de cinq cents pièces (3).

Les Grecs et les Romains n'ont jamais employé l'émail stannifère, ils n'ont jamais su fabriquer la faïence, ils n'ont produit que de la poterie mate ou lisse, sans décor polychrome et on n'a jamais pu ana-

(1) Les meilleurs ouvrages sur la technique de l'art céramique sont : *Traité des arts céramiques ou des poteries considérés dans leur histoire, leur pratique et leur théorie*, par ALEX. BRONGNIART, 3e édition. Paris, 1877, 2 vol. in-8° et Atlas. — *Leçons de céramique professées à l'Ecole des arts et manufactures...* par ALPH. SALVETAT, *Paris* 1875, 2 vol. in-12. — *Manuels Roret : Nouveau manuel complet du porcelainier, faïencier, potier de terre*, par M.-D. MAGNIER, Paris, 1848, in-12. — *Traité des industries céramiques*, par EMILE BOURRY, Paris, 1897, in-8°.

(2) On a trouvé des poteries à glaçure dans la pyramide de Saggarah (3000-1700 av. J.-C.) et dans le temple de Tell-el-Yadouai construit par Ramsès III. On a recueilli dans les ruines de Ninive et de Babylone des briques recouvertes de glaçures bleues, grises bleutées ou d'un blanc jaunâtre. On peut voir au Musée du Louvre deux fresques en céramique qui ornaient les palais des rois de Perse à Suze, fabriquées de 525 a 360 av. J. C., et qui ont été rapportées en France par M. Dieulafoy. Les glaçures de ces faïences sont très alcalines, d'un grand éclat, avec colorations blanches, vertes et bleues.

(3) Voy. *Musée des Thermes et de l'Hôtel de Cluny : Catalogue et description des objets d'art du Musée*, par E. DU SOMMERARD, Paris 1881, in-8°. — Ces pièces, qui sont de vraies faïences à émail stannifère, ont une décoration très brillante et des couleurs très vives se composant surtout de fleurs comme roses, tulipes, jacinthes, œillets, etc.

lyser chimiquement la glaçure dont les Romains ont revêtu leurs poteries rouges dites samiennes ou arrétines et dont on retrouve de nombreux débris dans tous les pays où ils ont apporté leur civilisation (1).

C'est aussi des Perses, croit-on, que les Maures d'Espagne tenaient les secrets de fabrication de leurs faïences à lustre métallique dites faïences hispano-moresques (2) si recherchées de nos jours et qui au xve siècle ont été exportées d'un des principaux centres de fabrication, de l'île Majorque dans les Baléares, en Italie où elles sont devenues par un adoucissement d'expression les Majoliques italiennes, produits célèbres qu'on considère comme le dernier mot de l'art du potier. La plus belle collection de faïences italiennes de l'époque de la Renaissance est celle du Louvre (3).

D'Italie le nouvel art fut importé en France dès la fin du xvie siècle à Nevers (4), puis plus tard, vers le

(1) Les poteries de Samos et d'Arrezo ét ont très réputées dans l'antiquité, mais il est certain que les débris qu'on rencontre dans toutes les régions où sont passés les Romains et notamment dans notre région du Sud-Ouest, débris dont on encombre un peu trop les vitrines de nos musées, proviennent de poteries qui ont été fabriquées avec l'argile du pays où on les a trouvées, d'après les procédés des poitiers de Grèce et d'Italie, et parfois avec leurs marques, mais n'ont pas été importées de ces pays lointains comme l'ont avancé certains archéologues.

(2) Voy. sur les faïences hispano-moresques : *Histoire des faïences hispano-moresques à reflets métalliques*, par le Baron Davilliers, Paris. 1861, in-8°. — C'est après la conquête de l'Espagne par les Maures au xie siècle que commença la fabrication de ces faïences dont les centres principaux étaient l'île Majorque, Malaga et Manisès près Valence. Les célèbres vases de l'Alhambra de Grenade auraient été fabriqués à Malaga, vers 1320. Au xvie siècle cette fabrication avait atteint son apogée, la conquête de l'Espagne par les chrétiens lui porta un coup fatal.

(3) *Notices des fayences peintes italiennes, hispano-moresques et françaises au Musée de la Renaissance au Louvre*, par A. Darcel, Paris, 1864, in-8°. — La fin du xve et le commencement du xvie siècle est la plus belle époque de la faïence italienne Les faïences les plus remarquables sont celle de Faënza, Urbino, Pesaro, Gubbio et Castel-Durante. La fabrication italienne a disparu presque complètement au commencement du xviie siècle.

(4) *La Faïence, les faienciers et les émailleurs de Nevers*, par Du Broc de Segange, Nevers. 1863, in-4°.

milieu du XVIIe siècle, à Rouen (1). Les Hollandais fabriquèrent également à la fin du XVIe siècle (2), mais ils cherchèrent plutôt à imiter les porcelaines qu'ils avaient rapportées de leurs voyages en Extrême-Orient, et les célèbres faïences de Delft, les potiches surtout aux formes lourdes et au décor très chargé, ne sont qu'une imitation et peut-être une contrefaçon des porcelaines de Chine et du Japon.

Les fameuses *rustiques figulines* de Bernard Palissy, un de nos compatriotes du Sud-Ouest, ne sont que de la poterie vernissée. Le célèbre potier n'avait pu découvrir le secret des faïences italiennes, son génie n'avait fait qu'entrevoir l'émail stannifère. Quant aux faïences dites de Henri II (3) qui ont été dernièrement restituées à un atelier de Saint-Porchaire en Vendée par un écrivain céramiste d'origine bordelaise, ce n'est pas encore de la faïence, c'est une sorte de terre de pipe, de faïence fine, avec décor en incrustation (4).

Au XVIIIe siecle la véritable faïence à usage domestique était répandue dans toute l'Europe ; en France chaque province avait sa manufacture, et Saint-Simon pouvait écrire : « Tout ce qu'il y eut de grand et de considérable se mit en huit jours à la faïence, ils en épuisèrent les boutiques et mirent le feu à cette marchandise ».

Dans la vaste contrée du Sud-Ouest de la France

(1) *Histoire de la faience de Rouen..*, par ANDRÉ POTTIER, Rouen, 1870, in-4°,

(2) *Histoire de la faience de Delft*, par HENRI HAVART, Paris, 1873, gr. in-8°.

(3) On peut consulter sur les faïences de Palissy et de Saint-Porchaire : *L'Art de terre chez les Poitevins*, par BENJAMIN FILLON, Niort, 1864, in-4°. — *Musée du Louvre : Notice des faïences françaises (Faïences dites de Henri II Faïences de Bernard Palissy*, par L. CLÉMENT DE RIS, Paris 1871, in-8°. — Les plus belles collections de faïences de Palissy et de Saint-Porchaire, dites aussi d'Oiron, sont celles des Musées du Louvre, de Cluny, de Sèvres et de South-Kensington à Londres.

(4) *Les faïences de Saint-Porchaire, par* ED. BONNAFFÉ, Paris, 1889, in-8°.

dont Bordeaux est la capitale incontestable, c'est cette ville qui posséda la première faïencerie. Au commencement du XVIIIe siècle, vers 1712, Jacques Hustin, qui était trésorier de la marine, établit une très importante manufacture dans la capitale de la Guyenne, établissement qui eut une très abondante production jusqu'à la veille de la Révolution et d'où sont sortis des ouvriers et des artistes pour aller créer plusieurs fabriques du Sud-Ouest et notamment celle de Samadet, comme on le verra dans un instant (1). Et on peut dire que si le centre de la France eut en céramique l'école Nivernaise et le Nord l'école Rouennaise, toutes les faïenceries du Sud-Ouest s'inspirèrent des procédés de l'école Bordelaise.

§ 1. — FAÏENCERIE DE SAMADET.

Ce n'est qu'en 1732 que l'abbé de Roquépine obtint un privilège pour l'établissement d'une faïencerie dans sa baronnie de Samadet, dans la Chalosse, non loin de Saint-Sever.

Les ouvrages qui ont traité de l'histoire générale de la céramique comme ceux de Jacquemart, de Garnier, de Demmin, de Ris-Paquot (2), n'ont fourni que des renseignements très vagues sur la faïence de Samadet. Le baron Davilliers, dans son *Histoire des faïences*

(1) Voy. sur la manufacture de Bordeaux : *Les anciennes faïences de Bordeaux*, par le Dr AZAM, Bordeaux, 1880, in-8°. *Lettres sur la céramique ; Correspondance de Jacques Hustin, faïencier bordelais*, publiée par ERN. LABADIE, Bordeaux et Paris, 1904, in-8°.

(2) *Histoire de la céramique*, par ED. GARNIER, 1883, in-8°, et *Dictionnaire de la céramique*, par le même, 1894, in-8°. — *Les merveilles de la céramique*, par JACQUEMART, 1859, 3 vol. in-18 et *Histoire de la céramique*, par le même, 1873, in-8°. — *Guide de l'amateur de faïences et de porcelaines*, par DEMMIN, 1873, 3 vol. in-8°. — *Histoire générale de la faïence*, par RIS-PAQUOT, 1874-1876, in-4°.

méridionales (1), n'est pas allé jusqu'aux Landes, il a parlé surtout des produits céramiques de Moustiers et de Marseille. Le premier auteur qui ait fait connaître d'une manière précise la manufacture qui nous occupe est Amédée Tarbouriech, archiviste d'Auch. Il a publié en 1864, dans la *Gazette des Beaux-Arts*, un document trouvé par lui dans les papiers de l'Intendance et d'après lequel il a pu établir pour la première fois la date de fondation de cette fabrique qui est 1732 comme nous venons de le dire (2).

Au sujet de cette date de 1732 nous devons parler de trois assiettes qui portent *Samadet 1732*. Ce sont les seules pièces connues portant cette marque. Toutes les trois ont été vendues par le même marchand et après l'apparition de la notice de M. Tarbouriech. Une de ces assiettes est au Musée de Sèvres, la seconde chez un amateur parisien et la troisième en la possession d'un collectionneur du Midi. Voici la désignation de l'assiette du Musée de Sèvres (les trois ont le même décor), désignation que nous prenons dans le *Catalogue du Musée Céramique de Sèvres*, publiée en 1897 par Ed. Garnier, le conservateur du Musée :

N° 1054. — Assiette à décor pseudo-chinois polychrome dessiné de manganèse ; dans le fond du bassin, une femme assise au pied d'un rocher au sommet duquel se trouve une pagode, cause avec un jeune homme debout sur un pont, près d'un arbre chargé de fruits et d'un oiseau perché sur la balustrade ; sur le marli, de légères branches de feuilles et de fruits séparées par des rochers. Marque : *Samadet 1732* et une croix gravée en creux. Diamètre : $0^m,23$.

(1) Paris, 1863, in-8°.

(2) Ce document a été publié presque en même temps, en 1865, dans le t. I des *Maisons historiques de Gascogne* de J. NOULENS qui avait donné à la *Revue d'Aquitaine*, en 1862, une notice généalogique sur la famille du Bouzet de Roquépine.

De plus, une de ces assiettes a été photographiée dans deux notices dont nous allons avoir à parler dans un instant. On voit donc qu'on attache une très grande importance à ces pièces ainsi marquées. Nous avons pu examiner nous-même de très près deux de ces assiettes et nous devons dire qu'elles nous ont paru suspectes à cause de leur provenance, de leur état parfait de conservation et enfin de l'époque où elles ont paru sur le marché, c'est-à-dire après l'apparition, dans la *Gazette des Beaux-Arts*, de l'article de M. Tarbouriech qui donnait pour la première fois cette date de 1732. En outre, le décor est ce qu'on appelle le décor chinois de Rouen ou de Sinceny. Or, l'ouvrier qui a organisé la manufacture de Samadet pour le compte de l'abbé de Roquépine, un nommé Le Patissier, sortait des ateliers de Hustin de Bordeaux, ainsi que nous allons le faire savoir dans un moment, il y avait une quinzaine d'années qu'il travaillait dans cette faïencerie bordelaise où on n'a jamais fait le décor polychrome au chinois dans le genre de Rouen, et il semble que dès le début de l'installation des fours de Samadet Le Patissier dut plutôt se servir des modèles bordelais qu'il avait certainement emportés avec lui et qu'il avait vu faire sous ses yeux que copier la manière de Rouen ou de Sinceny. D'ailleurs en dehors de ces trois assiettes, presque toutes les pièces fabriquées à Samadet vers cette époque rappellent par leur forme et leur décor la manière de Bordeaux. On a bien dit que Le Patissier était originaire de Rouen, mais rien ne le prouve, et les auteurs qui lui ont donné cette origine ignoraient qu'il avait travaillé chez Hustin à Bordeaux, ils l'ont pris pour un négociant de cette ville. Nous le répétons, après les arguments que nous venons de faire valoir, ces trois assiettes nous paraissent très suspectes.

Quoi qu'il en soit, il est certain qu'en 1732 la manufacture de l'abbé de Roquépine était en état de fabriquer et qu'il peut très bien exister des pièces portant sa marque et cette date ; il est même probable que la faïencerie fonctionnait avant, puisque la demande de privilège adressée au Conseil du Roi est du 25 septembre 1731, comme nous l'apprend l'arrêt du Conseil que nous allons publier plus loin. Or, on sait que lorsque une manufacture quelconque sollicitait de l'autorité supérieure un privilège ou une simple autorisation, il fallait qu'elle pût donner des preuves de capacité, c'est-à-dire qu'elle fût déjà installée et qu'elle fabriquât, et c'est après enquête sur les lieux par l'Intendant de la Généralité, son subdélégué ou ses agents, et sur un rapport favorable ou non, que l'autorisation était accordée ou refusée. Mais toutes ces formalités, enquête, rapport de l'Intendant, rapport du contrôleur près du conseil chargé de l'affaire, et enfin délibération dudit conseil, demandaient beaucoup de temps, et par conséquent si l'arrêt du conseil ordonnant la délivrance de lettres patentes pour la manufacture de Samadet est du mois de mars 1732, il est sûr que cette manufacture fonctionnait déjà en 1731 et on pourrait à la rigueur trouver des pièces portant ce millésime. D'ailleurs si on tenait obsolument à posséder des faïences de Samadet à la date de 1731 ou de n'importe quelle autre date, il serait très facile d'en faire fabriquer. Il existe des ateliers connus et patentés qui se livrent ouvertement à ce genre de fabrication et qui obtiennent même dans nos expositions industrielles et artistiques les plus hautes récompenses, à la grande joie de certains antiquaires et de certains amateurs spéculateurs, pour lesquels ce qu'on appelle en matière de brocante *le mouton à cinq pattes* est la grosse affaire. Que l'objet soit de belle qualité, intéressant ou non, peu leur importe, ce qu'il leur faut c'est l'oiseau rare, le bibelot extraordinaire qu'on peut vendre cher (1).

Nous avons publié en 1904 une correspondance du faïencier bordelais Jacques Hustin (1) et dans une de ses lettres il fait savoir à son associé qu'il tenait au courant, au jour le jour, de la marche de leur fabrique de Bordeaux, qu'il lui est impossible de réussir le décor doré. Tous les amateurs céramistes un peu instruits savent en effet que les faïenciers français du XVIIe et de la première moitié du XVIIIe siècle ont ignoré les secrets de ce genre de décoration ; il n'y avait que les Hollandais qui connussent à cette époque la manière d'employer l'or : les fabriques célèbres de Nevers, de Rouen et de Moustiers elles-mêmes n'ont jamais produit de faïences dorées. Ce n'est qu'après qu'on eut étudié de très près les porcelaines de Saxe si riches sous ce rapport que quelques céramistes, comme ceux de Strasbourg et de Marseille, et cela après 1750 seulement, pratiquèrent la cuisson au feu de moufle, c'est-à-dire au petit feu, et purent ainsi réussir le décor doré. Eh bien ! très peu de temps après l'apparition de cette correspondance de Hustin, deux ou trois amateurs bordelais, très ignorants en tout ce qui touche à la science céramique, mais très connus pour leur habileté commerciale, étaient, paraît-il, à même de montrer et de vendre, probablement à un très haut prix, du Bordeaux doré. C'était le fameux mouton

(1) *Lettres sur la céramique...*, *op. cit.*

à cinq pattes! Nous nous empressons d'ajouter que le Bordeaux doré est une pure légende. Nos faïenciers régionaux n'ont jamais fait ce décor, pas plus que ceux de Nevers, de Rouen, de Moustiers, de Samadet ou de Montpellier. Le décor au feu de moufle demandait en ce temps-là beaucoup trop de soins, il fallait passer les pièces par deux ou trois cuissons différentes, ce qui était beaucoup trop coûteux pour les fabricants qui ne produisaient, dans la seconde moitié du XVIIIe siècle, que de la faïence de service ordinaire.

Quant à la présence d'un objet dans les vitrines d'un musée, ce n'est pas toujours, hélas! une preuve incontestable d'authenticité. Nos conservateurs sont parfois, sous ce rapport, beaucoup trop accueillants. Mais ce n'est pas toujours leur faute si on leur fait avaler des tiares ou autres antiquités d'une digestion difficile, il faut en rendre responsables ceux qui cherchent à récompenser à peu de frais pour eux certains services rendus dans l'ordre politique et appellent à remplir ces fonctions délicates certaines personnes d'une compétence très contestable. Nous pourrions citer une grande ville de France où le conservateur du musée des antiques a su trancher la question des expertises d'une manière très pratique et éviter les critiques de ses confrères en archéologie : il a tout simplement enfoui les antiquités confiées à ses soins éclairés dans des caisses bien fermées où personne ne peut les étudier même avec la permission de M. le Maire.

C'est après la publication de M. Tarbouriech dans la *Gazette des Beaux-Arts* en 1864 que Jacquemart, dans ses *Merveilles de la céramique* en 1869 et dans son *Histoire de la céramique* en 1873, et Aug. Demmin dans son *Guide de l'Amateur de faïences et porcelaines* en 1873 également ont pu dire quelques mots sur la faïencerie de Samadet. Ris-Paquot dans son *Histoire générale de la faïence*, 1874-1876, et dans son *Manuel du Collectionneur de faïences anciennes*, 1877-1878, ne fait que répéter ce qu'avaient écrit ses prédécesseurs, il reproduit *in-extenso* le document de 1752 et donne sur les caractères généraux et particuliers de la faïence de Samadet quelques indications qui sont complètement inexactes. Dans l'*Histoire de la céramique* qu'il a publiée en 1883, Edouard Garnier, l'ancien conservateur du Musée céramique de Sèvres, consacre bien quelques lignes aux faïenceries de Bordeaux et de Montpellier, mais il ne dit pas un mot de celle de Samadet. On trouve dans le *Dictionnaire de la céramique* du même auteur quelques lignes sur la faïencerie dont nous nous occupons, et pour la première fois il est question de la fameuse assiette datée de 1732, conservée au Musée de Sèvres. Enfin, dans le *Catalogue du Musée céramique de Sèvres* qui a paru en 1899, Garnier ne fait que rééditer ce qu'il avait déjà fait savoir dans son *Dictionnaire de la Céramique*, mais il donne la désignation assez détaillée de toutes les faïences de Samadet conservées dans les vitrines de ce superbe musée. Après avoir donné de l'assiette de 1732 la description que nous avons reproduite plus haut, il décrit, n°s 1055 à 1058, quatre pièces qu'il attribue à Samadet, et sous ce dernier numéro il porte deux pots de pharmacie comme sortant de cette fabrique, alors qu'ils appartiennent à la manufacture de Bordeaux. Hustin avait créé ce style de pots dans toutes les formes et dans toutes les dimensions et il en avait approvisionné plusieurs pharmacies de la ville et de la région; on en trouvera encore aujourd'hui toute une série, plus de deux cents, à la pharmacie de l'hospice des enfants assistés de Bordeaux (1), à l'hôpital d'Agen et chez plusieurs amateurs. Par contre, Garnier classe comme faïences bordelaises les nos 1047, 1049 et 1050 qui sont du Samadet Il en est de même au très beau musée céramique de Limoges, qui contient les collections Jacquemart, Gasnault et Debouché (2) où le classement des faïences de Samadet et de Bordeaux est très arbitraire. Les conservateurs de ces musées ont tort de n'attacher aucune importance à ces produits de faïenceries secondaires et de ne s'intéresser qu'aux fabriques célèbres. Nous comprenons très bien que les grands musées du Louvre et de Cluny éloignent de leurs vitrines les produits céramiques médiocres, mais dans ceux de Sèvres et de Limoges, qui sont surtout des musées d'enseignement pour étudier l'histoire de la céramique en général, chaque fabrique, quelle qu'elle soit, devrait être représentée par des spécimens bien typiques et non par des raretés ou des pièces uniques qui ne sont que simples curiosités d'amateur. Ainsi, au Musée de Sèvres, la fabrication bordelaise n'est représentée que par quelques pièces rares et même douteuses, alors qu'on n'y voit aucun spécimen des services à la rose, au papillon, à la jacinthe, au hanneton ou aux grotesques genre Moustiers qui ont été la base pendant tout le XVIIIe siècle de la production de cette manufacture.

Quoi qu'il en soit, le *Catalogue du Musée de Sèvres*,

(1) On trouvera une description de ces pots avec leur photographie dans l'ouvrage suivant : *Histoire de la Corporation des Apothicaires de Bordeaux* (1355-1802), par E. CHEYLUT, Bordeaux, 1892, in-8°.

(2) *Ville de Limoges. Musée céramique A. Dubouché. Catalogue de la collection Jacquemart*, par PAUL GASNAULT, Paris, 1879, in-8°.

publié en 1897 par le conservateur Edouard Garnier et comprenant en 600 pages la description détaillée et accompagnée de nombreuses marques de plus de deux mille pièces de faïences de toutes les époques et de tous les pays, depuis les faïences hispano-moresques du XIVe siècle jusqu'aux faïences modernes, est fort intéressant et peut rendre de réels services aux érudits qui s'occupent de recherches sur nos anciennes faïenceries. Il est fâcheux que ce catalogue, qui devait se composer de sept volumes, ne soit pas continué, la partie concernant les porcelaines surtout eut vivement intéressé les amateurs. Il est vrai que pour les porcelaines françaises cette lacune vient d'être comblée par un superbe ouvrage dû à l'érudition de deux collectionneurs des plus compétents (1).

Le conservateur actuel du Musée de Sèvres a fait paraître un petit catalogue général de deux cents pages à peine pour désigner les innombrables pièces du Musée (2). Ce catalogue, très pratique peut-être pour les profanes qui viennent parcourir le Musée entre deux trains, est tout à fait insuffisant pour les amateurs sérieux et surtout pour les travailleurs éloignés qui ne peuvent pas se rendre à Sèvres. Le rédacteur du catalogue a bien voulu consacrer quelques lignes à la fabrique de Samadet et il n'oublie pas de signaler la fameuse assiette de 1732 : « La décoration se compose généralement, écrit-il, de fleurs, mais quelquefois aussi de sujets chinois rappelant ceux de Synceny, comme l'assiette exposée n° 9408 qui porte la marque *Samadet 1732* ». Voilà l'inconvénient que nous signa-

(1) *Histoire des Manufactures françaises de porcelaine*, par le Cte X. DE CHAVAGNAC et le Mis DE GROLLIER. Paris, 1906, in-8°.

(2) *Manufacture nationale de Sèvres, Guide du Musée céramique*, par GEORGES PAPILLON, Paris, 1904, in-8°.

lions il y a un instant de n'avoir dans un musée d'enseignement que des pièces rares ne représentant nullement le type de fabrication courante. Le curieux qui voudra connaître le genre de fabrication de Samadet croira, d'après le n° 9408 et la désignation du catalogue, avoir sous les yeux un spécimen de cette fabrication alors qu'il ne voit qu'une exception et peut-être même une pièce douteuse.

Le nouveau catalogue du Musée céramique de Limoges (1) est encore plus sommaire que celui de Sèvres : les pièces de chaque fabrique sont groupées dans des vitrines d'une manière assez arbitraire, mais sans aucune description. Pour certaines fabriques il donne des dates d'origine, pour Bordeaux 1720 et pour Samadet 1734, ce qui met en bien mauvaise posture, notre assiette portant la date de 1732.

Les conservateurs de nos musées devraient bien, en faisant leur classification et en rédigeant leur catalogue, consulter, pour les pièces qu'ils ne connaissent pas, les spécialistes de province et les publications de nos sociétés savantes qui contiennent parfois des études très documentées sur l'archéalogie céramique. Mais ces honorables fonctionnaires croiraient déroger en ayant recours au savoir de petits amateurs de province, ils considèrent que leur grandeur doit les retenir sur le rivage et ils préfèrent s'adresser aux antiquaires-experts assermentés qui ont, c'est entendu, la science infuse. Cette manière de diriger nos musées jette sur eux le plus grand discrédit et il faut reconnaître que depuis quelque temps ils n'ont pas une bonne

(1) *Musée national Adrien Dubouché de Limoges. Musée céramique. Catalogue sommaire, Limoges*, 1901, in-8°. Ce catalogue donne à l'origine de la manufacture de porcelaine de Bordeaux, dont nous nous occupons en ce moment, la date de 1770, alors qu'il faut la placer après 1780 !

presse : la classification n'est pas scientifique et les catalogues se font mal ou ne se font pas du tout, de peur de se tromper.

Depuis la notice de Tarbouriech de 1864 et les articles parus dans les grands ouvrages que nous venons de citer, des études plus complètes ont été publiées sur la manufacture de Samadet par des érudits qui avaient pu étudier sur les lieux les produits de cette fabrique et qui avaient été assez heureux de trouver des documents nouveaux sur l'établissement de l'abbé de Roquépine.

C'est d'abord M. Picot qui, dans le *Bulletin de la Société des Sciences et Arts de Pau* (1), a écrit quelques pages sur les pièces de faïence de Samadet qui avaient figuré à l'exposition de cette ville en 1890. L'auteur ne nous apprend rien de nouveau sur l'histoire de cette manufacture, mais grâce aux spécimens qu'il a eus sous les yeux, il a pu le premier décrire *de visu* la qualité de ses produits.

Puis, en 1895, le Dr Léon Sorbets d'Aire-sur-l'Adour, qui avait formé une collection très importante et fort remarquable, paraît-il, de faïences de Samadet, publia dans le *Bulletin de la Société Borda* de Dax une notice assez étendue où il décrit plusieurs pièces de sa collection et nous fait connaître les qualités et les défauts des produits céramiques de la Chalosse (2). Il parle même de pièces à reflets métalliques qui seraient sorties des fours de cette manufacture. Mais il ignorait les documents qui ont été trouvés depuis, il ne connaissait

(1) *La faïence de Samadet*, t. xx (1890-1891), p. 387-392.

(2) *Faïencerie de Samadet (Landes)*, t. xx (1895), p. 61-79. Le Dr Léon Sorbets avait donné déjà la description d' « Un plan de faïence avec armes peintes en camaïeu bleu » dans son volume d'*Etudes archéologiques*. Aire-sur-l'Adour, 1874, p. 121-126.

que celui qui avait été signalé en 1864 par Tarbouriech faisant remonter l'origine de la fabrique en 1732, et il croyait même, d'après la tradition répandue dans le pays, que l'atelier avait fonctionné bien avant cette date. Le Dr Sorbets est mort depuis déjà quelques années et nous ignorons ce qu'est devenue la collection qui contenait, nous a-t-on dit, entre autres pièces de valeur, une très belle fontaine de grande dimension. On nous a assuré dernièrement que cette collection n'avait pas été dispersée et qu'elle était encore dans la famille.

Nous voici arrivés aux deux publications qui ont fait connaître d'une manière certaine l'origine, l'existence et la fin de la manufacture de Samadet d'après des documents nouveaux et inédits trouvés dans les archives du château de Saint-Cricq en Chalosse, appartenant au comte Paul de Poudenx, le descendant du dernier propriétaire de la fabrique. Ces documents ont été publiés presque simultanément par deux auteurs différents.

Le premier en date est M. Paul Lafont, conservateur du Musée de Pau. Il a lu à la réunion des Sociétés savantes des Beaux-Arts des départements en 1900, à la Sorbonne, une étude sur la manufacture de Samadet (1) qu'il a accompagnée d'une série de documents fort intéressants trouvés dans les archives de famille de P... (c'est-à-dire de la famille de Poudenx) et qu'il a fait certifier conformes par l'archiviste des Basses-Pyrénées. Ces documents sont : 1° « Un mémoire au sujet de la manufacture de fayencerie de Monsieur l'abbé de Roquépine ». Ce mémoire est anonyme et

(1) « La manufacture royale de faïence de Samadet » dans le volume de la *Réunion des Sociétés savantes des Beaux-Arts des départements*, Paris, 1900, p. 243-272 et 3 pl.

n'est pas daté. On renseigne l'abbé sur les moyens d'établir une faïencerie. C'est une réponse à une demande de renseignements. 2° Autre mémoire intitulé « Idée pour l'établissement d'une fayencerie » avec, en regard, « Réponse de l'établissement d'une fayancerie ». M. Lafond attribue la demande à l'abbé de Roquépine et la réponse au subdélégué de la Généralité. 3° Lettre à l'abbé de Roquépine datée de Bordeaux, le 11 octobre 1730 et signée : Le Patissier. Ce sont encore des renseignements sur la manière d'installer une faïencerie. Ce Le Patissier était, comme nous le dirons tout à l'heure, employé à la manufacture de Bordeaux.

L'abbé de Roquépine tenait à être bien renseigné avant d'entreprendre l'établissement d'une industrie qu'il ne connaissait pas, et, après avoir étudié la question il adresse une demande de privilège au Conseil du Roi. Le quatrième document publié par M. Lafont est l'arrêt du Conseil daté de Versailles, le 25 mars 1732, accordant un privilège pour vingt ans et ordonnant la délivrance des lettres-patentes nécessaires. Le cinquième document est l'expédition de la vente de la baronnie et de la faïencerie de Samadet en 1784 par le comte d'Astorg de Roquépine, neveu de l'abbé, au baron d'Uzès.

D'après tous ces documents édités par M. Lafond on connaît maintenant l'origine exacte de la manufacture de Samadet, la durée qui est allée jusqu'en 1840 et les noms de ses différents propriétaires. Mais, de plus, l'auteur de cette publication nous fournit une description de certains spécimens de faïence de cette fabrique qu'il a pu voir chez différents amateurs de la région et il accompagne son travail de trois planches photographiques reproduisant plusieurs pièces, notamment l'une des assiettes avec la marque et la date de *Samadet 1732* dont nous avons déjà parlé — photographie prise sur l'exemplaire de Sèvres — et un très bel huilier que nous avons pu voir nous-même chez son propriétaire, M. Alcide Transon, un bordelais établi à Pau (1).

Quelque temps après l'apparition de la notice de M. Lafond, le Dr Louis Sentex, de Saint-Sever, publiait en 1903, dans le *Bulletin de la Société Borda* de Dax, une autre notice *La faïencerie de Samadet (Landes)* (2) dans laquelle on retrouve les mêmes documents que M. Lafond avait fait connaître; mais cette seconde étude contient des aperçus nouveaux sur les produits de l'atelier de Samadet que l'auteur a pu identifier d'une manière très précise grâce aux spécimens de sa superbe collection. Le Dr Sentex a formé en effet une collection unique de faïences de Samadet; elle est très importante et on y rencontre des types très variés de cette fabrication. Nous avons obtenu la faveur, il y a quelques années, de voir cette collection à Saint-Sever et, grâce aux explications qui nous ont été fournies très gracieusement par son heureux propriétaire, un véritable archéologue céramiste, nous avons appris à connaître les célèbres faïences de Samadet que l'on confond si souvent avec celles de Bordeaux avec les-

(1) Il y a au sujet de cet huilier, dit « l'huilier au cheval cabré », une très jolie histoire qui est racontée dans la notice du Dr Sentex sur la faïencerie de Samadet, p. 22. Le Dr Duplantier ou plutôt Fasileau-Duplantier était le gendre de Fronton-Duplantier, député de la Gironde à la Convention. C'est lui qui acheta pour la somme de trois cents francs cet huilier trouvé dans un grenier. Il avait promis par-dessus le marché une barrique de vin de Bordeaux, de son vin de Cailleau en Gironde probablement, mais il n'envoya, paraît-il, que de la piquette.

(2) Voy. pour la bibliographie céramique régionale et toutes les notices que nous citons ici la note de la page 6.

quelles, il faut bien le dire, elles ont plusieurs points de ressemblance. Mais nous n'avons pas à décrire ces produits céramiques très connus actuellement et nous renverrons le lecteur à la très intéressante notice du Dr Sentex qui l'a accompagnée de cinq planches reproduisant une cinquantaine de pièces de sa collection.

On vient de voir que c'est à un nommé Le Patissier, de Bordeaux, que s'adresse l'abbé de Roquépine pour avoir des renseignements sur l'établissement d'une faïencerie, et il en reçut une lettre en date du 11 octobre 1730 dans laquelle on lui donne tous les détails nécessaires avec plans et devis. Les auteurs qui ont parlé de ce personnage n'ont pas su l'identifier, ils l'ont pris pour un négociant. Or, Le Patissier était tout simplement commis à la manufacture de faïence de Hustin à Bordeaux. Dans une des lettres de Jacques Hustin que nous avons publiées en 1904, lettre datée du 23 octobre 1717 et adressée à son commanditaire à Paris, M. de Lamolère, il écrit ceci : « J'ay différé de répondre à vos lettres par plusieurs raisons, soit par l'absence du sr Patissier notre commis que j'ai envoyé en haut pays pour avoir quelque party de faïence que nous avons à Villeneuve et à Cahors... »

Ainsi, dès 1717 et probablement avant, Le Patissier était employé à la faïencerie de Bordeaux, et en 1732 il en connaissait tous les procédés et tous les secrets de fabrication et il put les communiquer à l'abbé de Roquépine, mais à l'insu de Hustin sans aucun doute, et non seulement il lui fournit tous les éléments pour l'installation de la faïencerie à Samadet, mais c'est lui qui alla établir sur les lieux le nouvel établissement et qui en fut le premier directeur, ainsi qu'il y avait été autorisé par l'arrêt du Conseil du Roi qui ordonnait, le 25 mars 1732, la délivrance des lettres-patentes en faveur de l'abbé de Roquépine pour sa manufacture de Samadet, arrêt qui a été reproduit *in-extenso* dans les notices de M. Lafond et du Dr Sentex : « ... que le sieur Le Patissier, qui a beaucoup d'expérience dans la fabrication de la fayance, a fait différentes épreuves des terres de la baronie de Samadet qui ont toutes parfaitement réussy... Le roy autorise l'établissement d'une manufacture de fayance dans le bourg de Samadet par ledit sieur abbé de Roquépine pour une durée de vingt années consécutives, comme aussy de commettre ledit Le Pâtissier ou telles autres personnes qu'ils jugeront à propos de choisir pour l'exploitation de ladite manufacture..... »

Le Patissier était encore directeur de la faïencerie en 1758 : « Dans la nuit du 17 au 18 septembre de cette année, nous apprend le Dr Sentex, il fut assassiné par ses ouvriers à la suite d'aventures romanesques dont il fut le triste héros et dont le souvenir s'est encore conservé jusqu'à aujourd'hui à Samadet. On trouva son cadavre le lendemain dans la partie de la faïencerie qu'il habitait ».

On ne connaît pas le texte des lettres-patentes accordées à l'abbé de Roquépine en 1732, en vertu de l'autorisation du Conseil du Roy du 25 mars. Les lettres-patentes n'étaient inscrites sur aucun registre à Versailles, elles étaient délivrées à l'intéressé qui devait les faire enregistrer au parlement dans le ressort duquel était situé son établissement. Nous avons vainement cherché l'enregistrement de ces lettres-patentes sur les registres du parlement de Bordeaux aux archives de la Gironde, elles ont été sans doute enregistrées au greffe de la sénéchaussée de Saint-Sever et on les trouverait peut-être aux archives des Basses-Pyrénées ou du Gers.

Mais nous avons découvert aux Archives Nationales le texte de la demande de l'abbé de Roquépine adressée au Conseil du commerce pour l'obtention de son privilège. Ce texte est inédit et il offre des particularités très intéressantes. Nous l'avons fait transcrire et nous allons le reproduire ici en entier :

Du jeudi 28 février 1732. — Ensuite M. de Hauteroche a fait le rapport qui suit :

L'abbé de Roquépine, seigneur de la Baronie de Samadet dans la Chalosse, demande un privilège exclusif pendant vingt années pour l'établissement qu'il prétend faire dans sa terre d'une manufacture de fayances.

Par les éclaircissements que M. de Pommereu, Intendant dans la Généralité d'Auch et en Béarn, s'est fait donner sur ce projet, il y a lieu, dit il, d'en espérer le succès. Voicy comment il s'explique par sa lettre du 28 septembre 1731 :

« Il semble que la nature ait voulu récompenser les terres de la plus grande partie de cette Baronie de leur stérilité, en luy acordant une propriété singulière pour la composition de la fayance, par la beauté de l'argile qu'elle produit et la qualité du sable qu'on a remarqué par différens essays qui en ont esté faits, fondre au feu comme l'esiain, et en sortir si blanc et si brillant qu'on croiroit presque qu'il pourroit seul former un émail.

» Quant à l'utilité, indépendamment de l'empressement que le public marque pour cet établissement, qui en est un préjugé des plus favorables, on observe qu'on se sert beaucoup en Béarn de vaisselle de fayance, et que par rapport à la consommation elle se vend très chèrement. D'un autre costé, celle de Hollande est très cassante et l'émail s'en enlève très facilement. Il n'en est pas de même de celle qu'on se propose de faire à la manufacture de Samadet, elle n'aura point des défauts et on la pourra donner à un tiers au moins de meilleur marché. La disposition des lieux favorisant de toutes façons l'établissement, tout s'y trouvant rassemblé, les terres, le sable à choisir et le bois, il en résultera encore un avantage qui est qu'on ne sera point obligé de recourir à l'étranger, ce qui empêchera la sortie de l'argent du Royaume pour cette marchandise ».

Reste à examiner les grâces et privilèges que demande le proposant. Il est certain qu'il ne faloit pas moins qu'une personne aussi puissante que l'abbé de Roquépine pour penser à l'établissement dont il est question. Il est aisé de comprendre les dépenses dans lesquelles l'a jetté la construction des vastes bâtiments nécessaires et l'achat des instruments convenables à une manufacture de cette espèce qui semble devoir mériter considération.

Il a modelé, autant que les circonstances le luy ont pu permettre, les articles du projet d'arrest joint à ses pièces pour l'établissement de cette manufacture sur ceux obtenus par l'entrepreneur de celle de Bordeaux.

La demande du privilège exclusif pendant vingt années pour empêcher qu'on ne fasse de pareils établissements aux environs du bourg de Samadet paroit juste. En effet, il n'y a que le débit qui puisse dédommager d'une pareille dépense, et l'établissement d'une fayancerie voisine de celuy de Samadet le détruiroit absolument.

Il y a ajouté trois articles qui demandent quelques reflexions. Le premier, qui est le cinquième du projet, concerne la permission de faire venir d'Angleterre quinze milliers d'estain et trente milliers de plomb, en payant les droits d'entrée suivant le tarif seulement. Cette grâce n'est point nouvelle et n'a rien d'insolite; elle a esté accordée à la manufacture de Bordeaux et à toutes les autres; il est vray que la quantité qu'on demande excède de cinq milliers l'estain et de dix milliers de plomb celle accordée à la manufacture de Bordeaux; mais la fabrique de Samadet devant rendre infiniment davantage que cette première par rapport à la facilité du travail, la matière et le bois se trouvant dans le lieu même de la fabrique, il s'en suit que la consommation de l'estain et du plomb qui entreront dans la composition de la fayance sera plus considérable.

Le second article, qui est le sixième du projet, porte exemption des droits d'entrée dans Bordeaux des ouvrages de fayance de la manufacture de Samadet pour les soumettre seulement aux droits de sortie. Cette disposition est conforme à ce qui se pratique à l'égard de la fayance de la manufacture de Bordeaux, quoique située hors les entrées de cette ville. D'ailleurs il n'y a point d'entrepreneur qui fut en estat de faire les avances de la composition de la fayance, du transport à Bordeaux et des droits, d'un autre côté on ne voit pas que cette exemption de droits d'entrée puisse nuire aux fermes du Roy : la fayance ne paye que l'un ou l'autre droit et dès qu'elle paye à l'entrée, elle n'est plus sujette aux droits de sortie.

Il est de notoriété que la manufacture de Bordeaux ne fabrique pas assés de fayance, à cause de la difficulté du transport des matières, pour en fournir dans toutes les provinces voisines, d'où il s'en suit que les droits de sortie ne tombant que sur une très petite quantité de fayance qui se porte au dehors, ils sont très médiocres, au lieu que permettant l'entrée de la fayance de Samadet dans la ville de Bordeaux, sans payer les droits d'entrée, l'abondance de fayance qui s'y trouvera, attirera tous les habitants des provinces voisines, lesquels trouveront alors de quoy choisir et acheter, ce qui produira des droits de sortie que chacun payera suivant son marché, et qui seront très considérables par rapport au grand débit qui se fera de cette fayance, dont il paroit par les essais que la qualité est préférable à celle de Bordeaux ; outre que si le conseil ne se portoit pas à accorder cette facilité, l'entrepreneur pourroit prendre le parti de ne faire conduire ses fayances à Bordeaux que pendant les foires, au moyen de quoy la ferme se trouveroit frustrée de tous droits

L'article 7 du projet n'assujetit les fayances qui se transporteront de la manufacture de Samadet qu'aux droits qui se perçoivent sur celles des manufactures situées dans les provinces du dedans du Royaume. Cette explication paroist nécessaire à Mr de Pomereu; la province de Chalosse dont dépend le bourg de Samadet, étant réputée étrangère, il y trouve d'autant moins de difficulté que Sa Majesté a modéré aux droits qui se perçoivent au dedans du Royaume, toutes les manufactures qui se trouvoient en pareil cas, et que par arrest du Conseil du 31 aoust 1728 elle a déchargé des droists d'entrée du tarif de 1671 les matières propres à faire de la porcelaine en faveur de celles de Flandres, qui n'avaient pas, comme celle de Samadet, la considération d'un nouvel établissement.

Les autres chefs de la demande du sieur abbé de Roquépine ne paroissent point avoir été discutés dans l'avis de Mr l'Intendant, mais ils sont tous repris dans celuy des députés du commerce ainsi qu'il va être expliqué.

Par le premier article de la requête il demande un privilège exclusif pour sa manufacture de fayancerie de Samadet pendant trente années; mais il paroit aux députés qu'il doit estre limité à vingt années, parce que c'est le terme qui a été accordé en faveur de la manufacture de fayance établie à Bordeaux.

Par l'article 2 il demande que ce privilège soit pour vingt lieues à la ronde de Samadet; celui de Bordeaux a esté limité à dix lieues à la ronde, et comme il n'y a que 18 à 20 lieues de Samadet à Bordeaux, il paroit raisonnable de n'accorder que l'étendue de dix lieues à la ronde en faveur de la manufacture de Samadet, autrement ce seroit donner atteinte au privilège de la manufacture de Bordeaux.

Par le 3e il demande l'exemption de la milice, guet et garde, logement de gens de guerre, collecte des tailles, tutelle et curatelle et autres charges publiques. L'entrepreneur de la manufacture de fayances établie à Bordeaux avoit demandé les mêmes exceptions, mais elles ne luy ont pas esté accordées.

Par le 4e il demande la permission de mettre sur la principale porte de sa manufacture un tableau portant ce titre *Manufacture Royale* et d'y établir un portier vêtu de la livrée de Sa Majesté. Cela été accordé à la manufacture de Bordeaux.

Par le 5e il demande la permission de faire venir d'Angleterre, en payant les droits réglés par les tarifs, quinze milliers d'estain et trente milliers de plomb. Cela a été permis pour la manufacture de Bordeaux, seulement pour dix milliers d'estain et vingt milliers de plomb.

Par l'article 6 il demande qu'il luy soit permis de faire entrer à Bordeaux 400 milliers pesant de fayance, sans payer les droits d'entrée et d'y établir un magasin. Si cet article estoit accordé, ce seroit un sujet de plainte pour l'entrepreneur de la manufacture de Bordeaux, mais le sr abbé de Roquépine peut envoyer dans cette ville, pendant les foires franches qui s'y tiennent, telle quantité de fayances qu'il voudra et s'adresser à quelqu'un qui en fasse commerce, lequel pourra la vendre comme se vend la fayance de Hollande.

Il demande par l'article 7 qu'il ne puisse être exigé d'autres droits sur les fayances de Samadet qui se transporteront ailleurs.

que ceux qui se perçoivent sur les fayances des manufactures du dedans du Royaume, quoique Samadet soit dans une province réputée étrangère. On n'entend pas bien, disent les députés, ce que veut dire le s[r] abbé de Roquépine. Les fayances des manufactures situées dans l'étendue des cinq grosses fermes ne payent rien quand elles sont transportées dans cette étendue, si elles en sortent elles doivent le droit de sortie. Quant aux fayances des provinces réputées étrangères, lorsqu'elles entrent dans les cinq grosses fermes, elles doivent trois du cent pesant, suivant l'arrêt du Conseil du 26 janvier 1723, c'est le cas des fayances de Samadet.

Cette explication et la comparaison que les députés ont faite des différens chefs de demande du sieur abbé de Roquépine avec ce qui a esté accordé en faveur de la manufacture de fayances établie à Bordeaux ont déterminé M[rs] les commissaires à estre de sentiment unanime qu'il ne convient pas d'accorder à la manufacture de fayance de Samadet des avantages plus considérables que ceux qui ont été accordés à la manufacture de Bordeaux, sans quoy celle-cy ne pourrait travailler en concurrence avec celle de Samadet(1).

En 1752 le privilège de vingt années de l'abbé de Roquépine expirait, il en obtint la prorogation pour dix ans. Le Patissier était toujours directeur de la faïencerie. Voici le texte inédit de cette nouvelle autorisation qui a été relevé comme le précédent aux Archives nationales :

A Compiègne, le 18 juillet 1752. — Sur la requête présentée au Roy en son Conseil par le sieur Charles-Maurice du Bouzet de Roquépine, abbé commendataire de l'abbaye de Saint-Nicolas-les-Angers, seigneur de la baronie de Samadet, située dans la Chalosse, généralité d'Auch, contenant que par arrêt du Conseil du 25 mars 1732, rendu sur la requête du supliant, Sa Majesté auroit approuvé et autorisé l'établissement d'une manufacture de fayance commencée dans ledit bourg de Samadet par le supliant auquel Sa Majesté auroit permis, ainsy qu'à ses successeurs propriétaires de ladite baronie de Samadet, de continuer d'y faire fabriquer de la fayance pendant le tems et espace de vingt années consécutives à compter du jour dudit arrêt, à laquelle manufacture

(1) Archives nationales, série F 12 (Conseil du commerce), 79, p. 206 et s.

Sa Majesté auroit accordé pendant lesdites vingt années les mêmes droits, privilèges et exemptions dont jouissent les autres entrepreneurs et ouvriers de pareils établissements. Mais comme le tems fixé par ledit arrêt est escoulé depuis un mois et que le supliant a un sensible intérêt de faire renouveler cette même permission dont l'effet ne peut être que fort utile dans la province pour l'avenir comme elle l'a été par le passé non seulement par la quantité de fayance qui s'y débitte, mais même parce que cette manufacture donne lieu de faire subsister un grand nombre de personnes de tout sexe et de tout âge qui y sont employées.

A ces causes requéroit le supliant qu'il plût à Sa Majesté confirmer et autoriser de nouveau en tant que besoin l'établissement de ladite manufacture de fayance au bourg de Samadet, et en conséquence permettre au supliant et à ses successeurs propriétaires de ladite baronie de continuer d'y faire fabriquer de la fayance pendant le temps et espace de vingt années consécutives à compter du jour et datte de l'arrêt qui interviendra comme aussy de commettre le sieur Pâtissier ou telles autres personnes que le supliant ou ses successeurs jugeront à propos de choisir pour l'exploitation de ladite manufacture et de faire vendre les ouvrages qui y seront fabriqués dans toute l'étendue du Royaume, même dans les pays étrangers, faisant Sa Majesté défenses à toutes personnes de quelque qualité et condition qu'elles soient de faire pendant ledit tems de vingt années aucun établissement pareil dans l'estendue de dix lieues à la ronde dudit bourg de Samadet, à peine de confiscation des ouvrages qui y auroient été fabriqués, des matériaux, outils et ustansils servants à leurs fabrications et trois mil livres d'amende applicable un tiers à Sa Majesté, un tiers au supliant ou à ses successeurs propriétaires de ladite Baronie et l'autre tiers à l'hôpital le plus proche du lieu où la contravention sera faite. Voulant Sa Majesté que ledit sieur Patissier et ses successeurs directeurs de ladite entreprise puissent y associer, du consentement du supliant ou ses successeurs propriétaires de ladite Baronie, telles personnes qu'ils aviseront nobles ou roturiers sans que pour raison de leurs associés nobles soient censéz ni réputéz avoir dérogé à noblesse sous prétexte de commerce ou de marchandise, permettant Sa Majesté audit Le Patissier ou autre principal directeur de mettre au-dessus de la porte et principale entrée de ladite manufacture un tableau aux armes du Roy avec cette inscription : « Manufacture Royale de fayance », et d'y establir un portier avec la livrée de Sa Majesté, comme aussy de faire venir d'Angleterre et de faire entrer par les ports de Bayonne ou Bordeaux pendant chacune desdites vingt années la quantité de dix miliers pezant d'étain et vingt miliers pezant de plomb et ce en payant les droits d'entrée sur le pied réglé par les réglemens et tarifs et à la charge par eux de donner leur soumission au Bureau des fermes le plus prochain dudit bourg de Samadet, et de n'employer et de faire employer ladite quantité d'étain et de plomb à d'autres usages qu'à l'exploitation de ladite manufacture à peine de trois mil livres d'amende, de confiscation des plomb et estain qui se trouveroient en nature dans ladite manufacture, et de payer la valeur de ceux dont il seroit prouvé que ledit Le Patissier ou autre principal Directeur auroit fait une disposition contraire et ordonner que sur l'arrêt qui interviendra toutes lettres-patentes nécessaires seront expédiées. Vu ladite Requête signée Demu (?), avocat du supliant, ledit arrêt du Conseil du 25 mars mil sept cent trente-deux, ensemble l'avis du sieur Intendant et commissaire départy dans la province de Béarn. Ouy le raport, le Roy en son Conseil a prorogé et proroge pour dix années le privilège accordé par arrêt de son Conseil du 25 mars 1732 au S[r] abbé de Bouzet de Roquépine pour l'établissement d'une manufacture de fayance au bourg de Samadet situé dans la Chalosse, à l'effet par le sieur abbé de Roquépine de continuer à en jouir pendant ledit tems, ainsi qu'il en a jouy suivant et conformément aux dispositions portées par ledit arrêt. Et seront sur le présent arrêt toutes lettres nécessaires expédiées.

[Signé] : de Lamoignon. — Machault (1).

La faïencerie de Samadet aura encore une longue existence, elle ne fermera ses fours qu'en 1840 : « On peut dire, écrit le Dr Sentex, qu'elle a fabriqué pendant tout un siècle, et cette longue durée se partage en deux périodes bien tranchées, l'une de prospérité, l'autre de décadence. La belle période s'arrête à la Révolution, la période de déclin se produisit alors et s'accentua

(1) Archives nationales, série E (Conseil du Roi), 1280 D. n° 8.

avec une très grande rapidité ». On va voir par le document que nous allons maintenant faire connaître qu'à la fin du règne de Louis XVI la manufacture n'était pas en effet bien prospère. A cette époque de nombreuses fabriques existaient en France et dans le Sud-Ouest tout particulièrement, les Intendants avaient favorisé l'établissement de fabriques telles que tuileries, faïenceries, verreries, tanneries, etc. Le ministre faisait faire des enquêtes par les Intendants et leurs subdélégués pour savoir si les directeurs de ces fabriques, des bouches à feu, selon l'expression administrative du temps, ne coupaient pas pour alimenter leurs fourneaux le bois réservé pour la construction, et afin d'empêcher le déboisement des forêts ils auraient voulu qu'on employât la houille. Mais les fabricants étaient réfractaires à ce genre de conbustible, effrayés par les frais de transport, alors surtout qu'ils avaient le bois sous la main. D'ailleurs, pour les fours à faïence on ne savait pas encore se servir du charbon, le bois qui donne un feu plus doux et plus facile à diriger était à cette époque le seul conbustible en usage.

Nous avons trouvé dans les archives de l'ancienne Intendance de Bordeaux de nombreux rapports des subdélégués à l'Intendant au sujet des fourneaux existants dans la Généralité. Plusieurs concernent des faïenceries et celui que nous allons publier nous donne l'état de la manufacture de Samadet en 1789. Il est signé du subdélégué de Saint-Sever :

Saint-Sever, 6 avril 1789.

Monseigneur (1). — Les instructions que vous m'avez fait l'honneur de me demander par votre lettre du 21 mars dernier

(1) Adressé à l'Intendant de Bordeaux qui à cette époque était Le Camus de Néville.

ne sont pas bien difficiles à remplir et n'exigent pas un long détail, puisque dans l'étendue de ma subdélégation il n'existe qu'une seule fayancerie située dans la parroisse de Samadet et point d'autres fournaux que quelques thuileries qui ne sont entretenues qu'avec du bois de pin.

En conséquence voicy les renseignements que j'ay pu me procurer sur cet objet. La fayancerie de Samadet a été érigée en manufacture royalle par une commission obtenue en 1731 par le seigneur du lieu. Actuellement il y a trois fours dont deux à la Nivernoise et un à la Provençale. On chauffe régulièrement l'un ou l'autre toutes les semaines pendant le cours de l'année à l'exception des fettes de Noël et de Pâques. Les deux fours à la Nivernoise sont inégaux, l'un ne contient que cinq cents gazettes, mais le plus grand en contient de six à sept cents; le plus petit est chauffé pendant l'hiver presque sans interruption et pendant l'été on chauffe tour à tour le grand et celui qui est fait à la provencale, lequel peut contenir autant de marchandise.

On m'observe de plus que cette fabrique occupe constamment trente ouvriers qui dans l'état actuel des choses absorbent presque tout le bénéfice et cela parce que le prix marchand à Samadet est à quelque chose près le même aujourd'hui qu'au moment où l'on établit la manufacture, quoique toutes les matières ayent entièrement haussé de valeur et principalement le plomb d'Angleterre qui autrefois ne coutoit que 22 à 25 livres est monté actuellement à 37 livres aux foires de Bordeaux, et comme le port a aussi doublé, il en résulte que cette matière vendue sur les lieux vaut à peu près le double. On achette celui d'Allemagne à quelque chose de moins, mais comme il n'y a que celui d'Angleterre qui soit propre à la fayance blanche, on préfère cette dernière qualité.

D'un autre cotté le propriétaire actuel achette tout le bois mais uniquement pour ménager le sien puisqu'il possède dans cette parroisse une forêt d'environ six cents arpents et destinée à alimenter la fayancerie. A la vérité on m'observe que les arbres qu'elle produit sont mols et gélises. On y trouve aussi des hêtres, des boûleaux et des chênes proscrits pour la construction des vaisseaux et qui à peine dans leur état florissant peuvent servir à faire du marrein.

Il y a vingt ans qu'un ouragan renversa presque tous les arbres et on fut obligé de les vendre à vil prix : il ne s'en trouva pas un seul propre à la construction quoiqu'ils fussent dans leur force; aujourd'hui il n'y a pas une seule poutre, tout est de la jeunesse et de là vient que le propriétaire achette pour chauffer ses fours. Enfin il est reconnu que la poterie anglaise porte le plus rude coup à cette fabrique puisqu'elle reste pour ainsi dire sans débit. Cependant le propriétaire qui est opulent fait des avances considérables pour ne pas laisser tomber son établissement, dans l'espérance qu'un moment plus favorable arrivera pour se défaire de ses marchandises en stagnation dans ses magasins. Ce qui le justifie c'est qu'on fabriquoit à Samadet de la fayance au reverbère, mais on a été obligé d'y renoncer à raison de ce qu'on n'en pouvoit vendre une seule pièce depuis que la poterie angloise est en vogue.

Au reste comme Samadet est éloigné des grandes villes et qu'il n'y a aucun canal ny aucune route nouvelle pour faciliter les transports, le bois y abonde, en sorte que les particuliers trouvent dans cet établissement un avantage pour vendre leur bois à bruler qui forme pour eux (à ce qu'on m'assure) un objet de mille écus à quatre mille livres environ y compris le transport.

Enfin, Monseigneur, il seroit à désirer que le plus grand nombre des parroisses de ma subdélegation fussent aussi pourvues en bois que l'est celle de Samadet, mais c'est ce qui manque le plus, et si le gouvernement ne prend cet objet en considération, il est présumable qu'on n'en trouvera pas à l'avenir pour le chauffage, d'autant que les propriétaires coupent et extirpent sans aucun ménagement.

Quant au produit des ventes, il m'a été assuré que quoique cette fabrique éprouvât dans le moment une suspension ou bien une diminution dans son débit, néanmoins on pouvait évaluer le bénéfice net pour le propriétaire à une somme de cinq à six mille livres. Si vous désirez, Monseigneur, des instructions plus précises et plus détaillées, je ferai tous mes efforts pour vous satisfaire.

J'ay l'honneur d'être avec respect, Monseigneur, votre très humble et très obéissant serviteur,

[Signé] : Laporterie (1).

(1) Archives départementales de la Gironde, série C (fonds de l'Intendance), n. 1766.

La Manufacture royale de faïence de Samadet a fonctionné jusqu'en 1840, comme beaucoup de faïenceries françaises qui essayaient de lutter par le bon marché contre la concurrence que leur faisaient les nouveaux produits céramiques, la faïence fine à la façon anglaise et la porcelaine dure. Mais Samadet, comme les autres fabriques, n'a produit au XIXe siècle que des pièces grossières, tandis qu'au XVIIIe siècle ses faïences étaient parfois très remarquables, et aujourd'hui on en trouve en bonne place dans toutes les collections d'amateur. Malheureusement nos musées du Sud-Ouest en sont complètement dépourvus.

§ 2. — FAÏENCERIE DE BAYONNE.

Les ouvrages ou les notices sur l'histoire de la faïence n'ont jamais signalé, que nous sachions, la manufacture de Bayonne. Or, les documents qu'on va lire prouvent qu'il y a bien eu une faïencerie au XVIIIe siècle dans la capitale du pays de Labourd :

Paris, le 30 mars 1778.

M. le Directeur Général m'a renvoyé, Monsieur et cher Confrère, un mémoire qui lui avoit été adressé par le Sr Gorostarson, entrepreneur de la Manufacture de fayance à Bayonne.

Ce particulier se plaint dans son mémoire de ce que les propriétaires de terres propres à composer la fayance abusent de la nécessité dans laquelle il est de la leur achetter pour la lui vendre cher, en sorte qu'il résulte de cette espèce de ligue contre lui, le dépérissement de sa manufacture. Il demande à être authorisé à la prendre en la payant sur le pied de l'estimation à dire d'experts.

Quelque délicate que me paraisse à la première vue la demande de ce particulier, puisqu'elle tend à attaquer les propriétés et qu'il semble que le possesseur d'une matière quelconque ne puisse être forcé à s'en désaisir, cependant si ces terres ne sont propres à aucun autre usage, comme sont les argiles, qu'elles ayent eu de tout tems un taux à peu près égal, que la manufacture de fayance en question soit d'une utilité indispensable pour l'avantage de la province, et qu'enfin la conduite des propriétaires de terre ne soit motivé que sur la nécessité où se trouve ce manufacturier de se pourvoir de matière chez eux, il seroit peut être d'une bonne administration de modérer la cupidité de ces derniers.

Vous êtes plus en état que personne, Monsieur et cher Confrère, d'apprécier ces différens intérêts puisque la discussion s'élève entre les parties et pour des objets soumis à votre département. Je vous prie donc de me communiquer vos réflexions à cet égard ainsi que les éclaircissements que vous pourrés vous procurer, pour que je sois en état de faire statuer sur cette affaire par M. le Directeur Général.

J'ai l'honneur d'être avec un très sincère attachement, Monsieur et cher Confrère, votre très humble et très obéissant serviteur.

[Signé] : DE MONTARAN (1).

Auch, 11 avril 1778.

J'ai l'honneur, Monsieur et cher Confrère, de vous renvoyer une lettre de M. de Montaran accompagnée d'un mémoire du s[r] Gorostarson, entrepreneur d'une manufacture de fayance à Bayonne. Ce particulier se plaint de la cupidité des propriétaires des terres propres à composer la fayance. Comme sa manufacture est située dans votre département, je présume que c'est par erreur que son mémoire m'a été adressé, Je préviens M. de Montaran du renvoi que je vous en fais.

J'ai l'honneur d'être avec un sincère et respectueux attachement, Monsieur et cher Confrère, votre très humble et très obéissant serviteur.

[Signé] : M. DE LA BOULLAYE.

M. Dupré de Saint-Maur (2)

En marge de la première lettre on a écrit : « *Envoyé à M. Ducourneau, ce 25 avril 1778* ». M. Ducourneau était subdélégué de l'Intendance de Bordeaux à

(1) Archives dép. de la Gironde, série C (Intendance), n. 1608. — M. de Montaran était Secrétaire d'Etat au Commerce.

(2) Archives de la Gironde, série C, n. 1608. — M. Douet de La Boullaye était Intendant d'Auch et Dupré de Saint-Maur, Intendant de Bordeaux.

Bayonne. De sorte que la requête du sieur Gorostarson, entrepreneur de la faïencerie de Bayonne, adressée au Conseil du commerce à Paris, fut envoyée par erreur à l'Intendant d'Auch qui le retourna à son confrère l'Intendant de Bordeaux auquel ressortissait la subdélégation de Bayonne, et l'Intendant de Bordeaux la fit parvenir à son subdélégué de Bayonne. Malheureusement le mémoire du sieur Gorostarson annoncé dans la lettre de l'Intendant d'Auch ne se trouve pas dans la liasse des Archives de la Gironde contenant les deux lettres que nous venons de faire connaître.

C'est tout ce que nous avons découvert au sujet de cette manufacture dans les dossiers des Archives de la Gironde concernant les arts et manufactures de la Généralité de Bordeaux au XVIIIe siècle.

Ce qu'il y a de sûr c'est qu'une faïencerie a existé à Bayonne en 1778. Elle doit avoir eu une durée quelconque et avoir fabriqué pendant quelque temps. Il y aurait donc lieu de pousser plus loin les recherches au sujet de cet atelier et de ses produits, et c'est aux érudits céramistes de la région de Bayonne à faire ces recherches sur les lieux, d'après cette première indication basée sur des documents authentiques.

§ 3. — FAÏENCERIE DE SAINT-MAURICE.

Si l'existence de la faïencerie de Bayonne est certaine d'après les documents que nous venons de publier, celle de l'atelier dont nous allons maintenant nous occuper est plus douteuse.

Saint-Maurice qui était au XVIIIe siècle une paroisse de la Sénéchaussée de Saint-Sever est aujourd'hui une commune de 371 habitants faisant partie du département des Landes, arrondissement et canton de Saint-Sever, à 4 kilomètres de Grenade-sur-l'Adour. C'est là qu'une faïencerie a pu avoir été établie à la fin du XVIIIe siècle. Nous allons d'abord produire les documents qui nous ont révélé cet atelier et nous verrons ensuite les conséquences que nous pouvons en tirer :

A Monsieur de Colonia (1), *6 may 1782.*

Sur la requête présentée au Roi en son Conseil par le vicomte de Fortisson, seigneur de Saint-Maurice dans la Sénéchaussée de Saint-Sever, Intendance de Bordeaux, contenant que la terre de Saint-Maurice située sur la rivière l'Adour, entre les villes d'Aire, Cap et le Mont-de-Marsan, à deux lieues environ de distance les unes des autres, se trouve par cette situation susceptible d'établissemens utiles pour tous les lieux et les villes dont elle est environnée. C'est aussi ce dont le suppliant s'est particulièrement occupé déjà, il y a fait divers établissemens d'un avantage sensible pour le public tels qu'une scierie, un tordoir (2), un moulin à bled, un canal d'irrigation qui sous peu sera navigable. Le suppliant, dont les vues pour le bien public s'accroissent à mesure qu'il voit le succès de ses projets et de ses établissemens, a considéré que celui d'une manufacture de fayance fine ajouterait considérablement aux avantages qui résultent de ceux qui existent déjà, en ouvrant une nouvelle branche de commerce, une source nouvelle d'industrie et de débit d'une sorte de marchandises dont l'usage est indispensable. Cette manufacture sera d'autant plus avantageuse à Saint-Maurice qu'il n'existe qu'une seule fayancerie dans le pays, dans la paroisse de Samadet, frontière du Béarn, entre Saint-Sever et Pau, laquelle n'a jamais suffi pour la consommation des environs. Aussi a-t-il fallu dans tous les temps que les villes de Saint-Sever, Aire et du Mont-de-Marsan fassent venir de fort loin, même de Gênes (3), la fayance nécessaire à

(1) Conseiller du Commerce à Paris. — (2) Moulin à huile.

(3) On appelait Gênois au XVIIe et au XVIIIe siècle tous ces marchands nomades qui parcouraient le Midi de la France poussant ces immenses charrettes chargées de faïences communes qui primitivement venaient en effet des environs de Gênes, de Savone, centre très important de fabrication de ces faïences grossières à usage domestique et qui n'avaient aucun rapport avec les élégantes et si artistiques majoliques italiennes. C'est même de

l'usage des habitants. Le suppliant s'est assuré par des épreuves que celle qui seroit fabriquée à Saint-Maurice auroit une supériorité marquée sur celle de Samadet et autres qu'on ne se procure qu'à grands frais dans les villes et bourgs dont Saint-Maurice est environné, et les épreuves dont les succès ont été heureux garantissent l'utilité que toute cette partie de la Guyenne et même les provinces voisines comme le Béarn, l'Armagnac, le pays des Lannes et le Condommois retireront de la manufacture que le suppliant se propose d'établir et se flatte que le gouvernement, toujours disposé à favoriser et encourager les projets relatifs à l'utilité publique et qui tendent à augmenter les sources d'abondance dans le Royaume, accueillera avec satisfaction les vues du suppliant dont le but est de remplir cet objet. Dans cette confiance il a préparé et disposé tout ce qui peut être nécessaire à son exécution, mais son zèle, ses intentions et les frais qu'un établissement pareil lui occasionnera demandent aussi que Sa Majesté daigne lui accorder quelques privilèges qui le mettent en état de se soutenir, et il espère éprouver à ce sujet des marques de sa justice et de sa bonté. Requeroit à ces causes le suppliant qu'il plût à Sa Majesté lui permettre d'établir dans sa terre et seigneurie de Saint-Maurice une manufacture de fayance fine, faire deffenses à toute personne de quelque qualité et conditions qu'elle soit d'établir pendant l'espace de trente ans et d'arrondissement de douze lieues au moins aucune autre manufacture de fayance et de troubler le suppliant dans l'exploitation de la sienne, comme aussi l'autoriser à prendre pendant le même espace de trente ans, sans qui que ce soit puisse s'y opposer ni le refuser, les terres et sables qui lui seront nécessaires pour la fabrication des fayances et l'exploitation de sa manufacture, à la charge par le suppliant d'indemniser les propriétaires des fonds dont lesd. terres et sables

Savone que sont venus les ouvriers qui, sous la protection du duc de Nevers, Louis de Gonzague, ont fondé au commencement du XVIIe siècle la célèbre manufacture de Nevers. C'est aussi attelée à un de ces bizarres véhicules qu'est venue s'établir en France la famille Gambetta et ce nom sert encore d'enseigne à un magasin de faïence et de porcelaine à Cahors. Au XVIIIe siècle ces marchands ambulants, parcourant nos grandes routes, n'étaient plus gênois depuis longtemps, ils étaient français et vendaient des articles français, provenant de fabriques de la Provence, du Languedoc et du Sud-Ouest, mais on continuait à les appeler par tradition marchands **gênois.**

seront extraits, de gré à gré, sinon à dire d'experts convenus entre les parties, sinon qui seront nommés d'office.

Vu lad. Requête signée : Godescat Delisle, avocat du suppliant (1).

J'ai l'honneur de vous prévenir, Monsieur (2), que j'ay présenté un mémoire qui doit vous être renvoyé, j'espère que vous voudrés bien avoir assés de bontés pour moy pour favoriser un nouvel établissement a une fayancerie dans ma terre de Saint-Maurice. C'est un objet que je regarde de conséquence pour moy et utile au public. J'ay profité de l'occasion de fixer un très habile ouvrier. Je viens de construire un moulin à huile, c'est encore un objet utile au public. Vous avez de belles terres, peut-être ne serez-vous pas faché de vous arrêter un jour à Saint-Maurice pour y examiner les objets qui méritent votre attention, soit comme propriétaire des terres et comme Intendant. Je suis depuis très longtemps fort incommodé et retenu dans ma chambre, je m'étais proposé de me rendre à Bordeaux pour vous rendre mes devoirs et vous entretenir des affaires importantes qui me regardent.

Je n'ay pu encore terminer mes affaires avec M. le marquis de Canetran (?), ne pouvant m'en occuper à cause de mon état. Je présume qu'il a eu le bon procédé de suspendre jusques à ce que mon fils aîné soit de retour de Paris. Il arrivera bientost. Veuillez aussi l'honorer de vos bontés. Il comence de s'occuper sérieusement aux soins qu'exige l'intérêt de sa famille.

Je suis avec respect, Monsieur, votre très-humble et très obéissant serviteur.

[Signé] : Fortisson.

A Grenade-de-Marsan, ce 7 mai 1782.

Paris, le 9 mai 1782.

J'ai l'honneur, Monsieur et cher Confrère, de vous envoyer une requête par laquelle le Sr Vicomte de Fortisson demande la permission d'établir une manufacture de fayance fine dans sa terre de Saint-Maurice, avec défenses d'en établir une pareille pendant l'espace de 30 ans dans un arrondissement de 12 lieues, comme aussi de prendre pendant led. temps les terres et sables qui lui

(1) Archives dép. de la Gironde, série C, liasse n. 1608, ainsi que les cinq lettres qui suivent.

(2) Adressée à l'Intendant de Bordeaux.

seront nécessaires sur les propriétés des particuliers, à la charge de les indemniser de gré à gré ou à dire d'experts. Je vous prie de vouloir bien vous informer s'il n'y a rien qui s'oppose à cet établissement et me mettre à portée de proposer au ministre ma décision à cet égard.

J'ai l'honneur d'être avec un respectueux attachement, Monsieur et cher Confrère, votre très humble et très obéissant serviteur.

[Signé] : DE COLONIA.

M. Dupré de Saint-Maur (1).

Bordeaux, le 21 mai 1782.

A Monsieur de Basquiat (2).

Je joins ici, M., une requête par laquelle le Sr Vicomte de Fortisson demande la permission d'établir une manufacture de fayance dans sa terre de Saint-Maurice, avec défense d'en établir une pareille dans l'arrondissement de 12 lieues pendant l'espace de 30 ans. Il demande en outre d'être autorisé à prendre pendant le même espace de tems les terres et sables qui lui seront nécessaires sur les propriétés des particuliers, à la charge de les dédommager de gré à gré à dire d'experts. Je crois qu'il y aurait de l'inconvénient à lui permettre de prendre sur les propriétés d'autrui les matériaux dont il pourroit avoir besoin et que le ministre se prêtera difficilement à accorder à cette manufacture un privilège exclusif toujours contraire au progrès des arts et de l'industrie. Cependant je vous prie de vous procurer sur l'un et l'autre objet de ses représentations des éclaircissemens exacts et de m'en adresser le résultat avec vos observations et votre avis.

Je suis..... (3).

SUBDÉLÉGATION DE SAINT-SEVER.

—

Saint-Sever, le 6e septembre 1782

Monseigneur (4),

J'ai l'honneur de vous renvoyer la Requette par laquelle le Sr Vicomte de Fortisson demande la permission d'établir une manufacture de fayance dans sa terre de Saint-Maurice avec déffences d'en établir une pareille dans l'arrondissement de douze

(1) Intendant de Bordeaux. — (2) Subdélégué de Saint-Sever.
(3) Non signé. Plumitif des bureaux de l'Intendance de Bordeaux.
(4) A l'Intendant de Bordeaux.

lieues pendant l'espace de trente ans. Il demande en outre d'être autorizé à prendre pendant le même espace de tems les terres et sables qui luy seront nécessaires sur les propriétés de certains particuliers, à charge de les indemniser de gré à gré ou à dire d'experts, sur quoy je suis chargé de me procurer les éclaircissements les plus exacts et de vous en adresser le résultat.

Il est vray, Monseigneur, ainsi que led. Sr Vicomte de Fortisson l'expoze qu'il a établi une scierie, il a fait construire depuis peu un moulin tordoir, il y avait depuis longtems un moulin à bled qu'il a perfectionné, et il a fait faire un canal d'irrigation qui, s'il étoit élargi et continué, pourroit devenir un canal de navigation. Mais la scierie ne travaille guère que pour luy, le tordoir n'a pas encore travaillé, le canal d'irrigation lui est infiniment utile parce qu'il féconde chaque jour une plaine qui n'étoit il y a quelques années qu'un gravier stérille; de tous les établissements le tordoir paroit le plus utile pour le publicq parce qu'il ouvriroit dans ce pays une branche de commerce fort avantageux. Les Hollandais font achetter par commission nos graines de lin, ils les exportent dans leurs provinces où ils les convertissent en huiles qu'ils nous apportent façonnées et qu'ils nous revendent soit pour notre consommation, soit pour l'Espagne. Cette branche pourroit avec le secours du tordoir de Saint-Maurice et d'autres qui s'établiroient à son exemple, parce qu'il n'a point demandé de privilège exclusif, se concentrer entièrement dans la Chalosse et le Béarn, et seroit d'autant plus avantageuze pour les fabricans et les cultivateurs qu'on gagneroit déjà le double frêt d'exportation des graines et d'importation des huilles. On pourroit encore tenter dans ces provinces la culture des navets et du colsa pour les convertir en d'autres huilles, ce qui seroit également utille pour les fabricans et les cultivateurs et ouvriroit des nouvelles sources à l'industrie et au commerce. Si ces projets réunissent, comme il y a tout lieu de l'espérer, l'une et l'autre auront des obligations au Sr Vicomte de Fortisson, il mérite d'être encouragé.

Il propoze un autre établissement dans sa terre de Saint-Maurice, celuy d'une manufacture de fayance fine, il en a fait, dit-il, éprouver les terres et ses épreuves luy ont donné de la fayance d'une supériorité marquée sur celle de Samadet et autres, mais il demande un privilège exclusif pendant trente ans pour tout autre établissement de manufacture de fayance dans l'arrondissement de douze lieues, et la faculté d'extraire pendant le même espace de temps les terres et sables nécessaires pour la fabrication de la fayance dans les fonds des particuliers, à la charge d'indemniser ceux-cy de gré à gré, sinon à dire d'experts.

Ce sont les privilèges qui semblent devoir faire quelque difficulté parce que tout privilège exclusif retarde le progrès des arts et de l'industrie et que d'ailleurs le dernier que sollicite le Sr de Fortisson donne quelque atteinte au droit de propriété qu'on doit respecter autant que possible.

Cependant, Monseigneur, si l'on réfléchit que les manufactures sont le berceau des arts et la source de l'industrie, qu'il faut faire des dépenses considérables pour établir une manufacture de fayance, qu'il peut arriver que le propriétaire qui la construiroit risqueroit de perdre ses avances si la concurrence étoit ouverte pour des pareils établissements dans son voisinage, et que jamais un manufacturier ne commence son établissement qu'après s'estre assuré qu'il ne pourra point être évincé, et qu'il retrouvera pendant la durée de son privilège de quoy s'indemniser, il me paroît que le privilège n'est pas si odieux et que le gouvernement pezant dans une sage balance les avantages qui peuvent résulter pour le public de l'établissement projetté et les inconvénients qu'entraînent les privilèges, doit accorder les privilèges lorsque la somme des avantages l'emporte sur celle des inconvénients.

Il me semble qu'icy la somme des avantages l'emporte : il n'y a qu'une manufacture de fayance fine dans tout le pays, il n'y en a point en Béarn, et cette manufacture ne suffit point soit pour la consommation de ce bas de province, soit du Béarn, soit pour l'exportation de l'Espagne, l'industrie dans cette branche se trouve par concequand resserrée, et il est de la sagesse du gouvernement de l'étendre autant qu'il est possible. Pourquoy donc reffuseroit-on au Vicomte de Fortisson l'exclusion qu'il demande; il se formera pendant la durée de son privilège dans sa manufacture des artistes et des ouvriers qui porteront ailleurs leurs talens et formeront une autre source d'industrie, l'art se perfectionne dans les manufactures et se propage ensuitte au dehors.

Quand à la faculté d'extraire les terres et sables des fonds des particuliers, elle n'est pas bien génante dans ce pays, les terres ou sables propres à la fayance n'y sont pas bien prétieux, et outre que le Vicomte de Fortisson est un grand propriétaire qui n'ira point chercher en payant chez les autres ce qu'il aura chez luy, c'est que d'ailleurs ce ne sera qu'en convenant de gré à gré du prix des terres et sables dont il aura besoin ou autrement à dire d'experts qu'il pourra les obtenir, tous se fairont un vray plaisir de vendre des terres et sables stérilles qui leur seront payés bien cher, en quoy l'établissement de la manufacture dont s'agit leur deviendra très utile. Je crois donc, Monseigneur, qu'on peut accorder à M. de Fortisson les privilèges qu'il réclame, il n'y a que leur durée qui me paroit un peu trop longue et je pense qu'en s'abonnant à vingt ans il pourra être suffisamment indemnizé de ses avances.

Voici le projet de l'arrêt :

Le Roi en son Conseil a permis et permet au Sr Vicomte de Fortisson d'établir dans sa terre et seigneurie de Saint-Maurice une manufacture de fayance fine, fait déffences à toute personne de quelque qualité et condition qu'elle soit d'établir pendant l'espace de vingt ans et dans l'arrondissement de douze lieues aucune autre manufacture de fayance et de troubler ledit Vicomte de Fortisson dans l'exploitation de la sienne. Comme aussi l'a autorizé et autorize à prendre pendant la même espace de vingt ans, sans que qui que ce soit puisse s'i oppozer ni le reffuser les terres et sables qui luy seront nécessaires pour la fabrication des fayances et exploitation de la manufacture, à la charge par luy d'indemniser les propriétaires dont les terres et sables seront extraits de gré à gré, sinon à dire d'experts convenus entre les partis ou pris d'office.

J'ai l'honneur d'être avec respect, Monseigneur, votre très humble et très obéissant serviteur.

[Signé] : Basquiat.

Le vicomte de Fortisson a-t-il obtenu l'autorisation qu'il demandait d'établir une manufacture de faïence dans sa seigneurie de Saint-Maurice, conformément à l'avis favorable donné par le subdélégué de Saint-Sever? C'est ce que nous ignorons. Les documents que nous venons de donner ne nous renseignent pas à ce sujet et seule une enquête faite sur place pourrait faire découvrir les traces de cette faïencerie landaise.

§ 4. — FAÏENCERIE DE LIGARDES

Ligardes est aujourd'hui une petite commune de 430 habitants du département du Gers, arrondissement et canton de Lectoure. C'est là que les deux lettres qui vont suivre nous indiquent l'existence d'une faïencerie qui n'a jamais été encore signalée.

A Monsieur Henriot, Subdélégué général de l'Intendance de Guyenne, à Bordeaux.

Monsieur. — Il n'y a aucune verrerie dans ma subdélégation et rien qu'une fayancerie qu'un propriétaire exploite sur son propre fonds à Ligardes ; moyennant quoy cette fabrication n'a lieu qu'autant qu'il lui plait. Conséquament le produit de vente en est très peu considérable. Quant aux autres fournaux ? Si les fourds à chaux et à thuile à canal, ainsy que ceux à clouds sont le nombre de ceux dont Mrs Mrs les commissaires du Conseil de commerce demandent des éclaircissements, ayez la bonté, je vous prie, Monsieur, de m'en instruire afin que je puisse prendre des renseignements sur ces parties

J'ay l'honneur d'être, avec un sincère et respectueux attachement, Monsieur, votre très humble et très obéissant serviteur.

[Signé] : BRONDEAU père.

A Condom, le 26 mars 1789 (1).

Du même au même.

Monsieur. — J'ay eu l'honneur de vous marquer dans le temps qu'il n'y avait point dans ma subdélégation des fabriques de zincs, ny bouches à feu, mais seulement une fayancerie qui n'existe plus par la misère où se trouve le propriétaire, attendu le nombre de sa famille et les mauvaises années qu'il a essuyées. Il n'existe donc que des fours à chaux, tuile à canal et carreaux, mais il n'est pas possible de rien statuer sur cet objet.

. . . .

J'ai l'honneur, etc.

A Condom, le 27 aoust 1789.

(1) Cette lettre et la suivante sont aux Archives de la Gironde, série C, liasse n. 1766. — Brondeau père était le subdélégué de Condom.

Ces deux lettres du subdélégué de Condom, adressées au subdélégué général à Bordeaux, sont encore des réponses au sujet de l'enquête que les Intendants étaient chargés de faire faire dans le ressort de leur Généralité sur les fabriques et le genre de combustible employé. Mais elles nous font connaître en même temps l'existence d'une faïencerie à Ligardes, dans l'ancien Condomois, en 1789, et sa disparition en cette même année.

Il est certain que cette manufacture, aussi peu importante qu'elle ait été, a été établie avant 1789. Il serait donc utile de rechercher pour cette fabrique, comme pour celles de Bayonne et de Saint-Maurice, quelle a été sa durée et quelle a été la nature de ses produits.

Nous n'avons pas trouvé dans les papiers des Archives nationales et des Archives départementales de la Gironde où nous avons dirigé nos recherches d'autres documents concernant les faïenceries de la Gascogne au XVIIIe siècle. Mais plusieurs ateliers céramiques encore inconnus ont dû fonctionner dans la seconde moitié du XVIIIe siècle dans cette partie de la France. Les écrivains qui se sont occupés de l'histoire de la faïencerie dans notre pays n'ont connu que les grandes manufactures célèbres, comme celles de Nevers, Rouen, Moustiers (1), Marseille, Strasbourg, etc., et n'ont pu

(1) Moûstiers a été au XVIIIe siècle un des principaux centres de fabrication. Dans cette petite ville au pied des Alpes, aujourd'hui dans le département des Basses-Alpes, de nombreuses fabriques fonctionnaient à cette époque, les noms des Clérissy et des Olery sont aujourd'hui célèbres, et les belles pièces qui portent leur signature, les grands plats au riche décor inspiré des peintres italiens comme Frans Floris et Antonio Tempesta dépassent souvent le prix de mille francs dans les ventes publiques modernes (voy. *Histoire de la faïence artistique de Moutiers*, par l'abbé H. REQUIN, t. I, 1903, grand in-8°). Eh! bien, nous connaissons entre les mains d'un amateur de Toulouse une lettre autographe de Riocreux, conservateur du Musée céramique de Sèvres, datée de 1857, qui dit qu'à cette époque on ignorait absolument la faïence de Moustiers à Paris!

citer des faïenceries de second et de troisième ordre qu'on ignore encore même dans les pays de fabrication. Tous ces écrivains céramistes ont pris comme base de leur travail, pour établir la nomenclature des fayanceries françaises à la fin du XVIIIe siècle, la fameuse liste de Glot, conservée aux Archives de Nevers et qui est très incomplète.

En 1789, les directeurs des manufactures de faïence et de porcelaine établies en France adressèrent à l'Assemblée nationale une réclamation au sujet du traité de commerce entre la France et l'Angleterre, signé à Versailles, le 26 septembre 1786, qui devait être et qui fut par le fait la ruine de l'industrie céramique française, en permettant l'introduction en France des produits anglais à des conditions beaucoup trop avantageuses. Malheureusement, cette liste de Nevers n'est qu'une copie de l'original, elle ne porte pas les noms des protestataires, on n'y trouve que le nom de Glot, maire de Sceaux et propriétaire de la manufacture de cette ville, fondé de pouvoir des fabricants, et c'est pour cela que cette liste porte son nom dans l'histoire.

Les manufactures de faïence qui figurent sur la liste de Glot sont au nombre de cent soixante-cinq, chiffre assez respectable mais cependant au-dessous de la vérité. Les auteurs de la pétition le reconnaissent eux-mêmes : « On n'a porté ici, écrivent-ils, que les manufactures qui ont de la réputation ; mais on peut en compter encore plus de soixante ou quatre-vingts connues, de sorte qu'il y a dans le royaume près de deux cent trente ou quarante établissements de ce genre..... »

Pour la région du Sud-Ouest on trouve sur la liste de Glot les villes suivantes . Bordeaux huit faïenceries (1), Montpellier deux, Nîmes deux, Saintes deux, Toulouse deux, Bergerac deux, Bazas une, Angoulême une, La Rochelle une, Laplume (en Agenais) une, Montauban une. On voit que la Gascogne a été complètement oubliée et même la grande fabrique de Samadet a été omise. Il y a d'ailleurs d'autres villes du Sud-Ouest qui n'ont pas été mentionnées et qui possédaient cependant des faïenceries à cette époque, comme Marans en Aunis, Cognac, Thiviers et Le Fleix en Périgord, Libourne dans le Bordelais, Sainte-Foy, Moncaut, Nérac en Agenais. Sur ces dernières faïenceries nous avons trouvé des documents d'archive inédits que nous ferons connaître en temps voulu.

On voit donc qu'il y a encore beaucoup de manufactures de notre région du Sud-Ouest et particulièrement de la Gascogne complètement ignorées. M. Lafond, conservateur du Musée de Pau, dans l'excellente notice qu'il a publiée sur la manufacture de Samadet, prétend qu'il y a eu des faïenceries dans l'ancien Béarn, à Gan, à Nay, à Oloron. Or, il n'a jamais été question de ces ateliers céramiques. Cependant les amateurs et les antiquaires des Basses-Pyrénées parlent toujours des faïences d'Oloron, mais nous n'en avons vu aucun spécimen. Le docteur Sentex, dans son étude très documentée sur la faïencerie de Samadet (2), fait connaître également une manufacture à

(1) Les collectionneurs bordelais et les marchands antiquaires ne connaissent pour Bordeaux que la faïence des Hustin, les directeurs de la manufacture qui a été la seule de 1712 à 1762. Il ne faut pas leur parler d'autre chose. Ils ignorent et ils ne veulent même pas savoir que la faïencerie a éteint ses fours en 1785 et qu'à la fin du XVIIIe siècle il y avait dans la capitale de la Guienne, comme nous l'apprend la liste de Gilot, huit faïenciers. Mais il est très difficile d'identifier les produits de ces différentes fabriques qui n'ont eu aucune marque et c'est à quoi nous travaillons en ce moment. Voir sur l'histoire de faïences bordelaises les ouvrages cités dans la note de la page 6.

(2) Voy. pour les notices de MM. Lafont et Sentex la note de la page 6.

Dax, mais elle appartient au XIXe siècle, elle n'a fonctionné que de 1820 à 1836 et n'a produit que des pièces médiocres.

Beaucoup de faïenceries de la seconde moitié du XVIIIe siècle ont fabriqué encore dans la première moitié du XIXe siècle, telles sont quelques faïenceries bordelaises et celles de Samadet, de Bazas, de Sainte-Foy. Ces ateliers ne faisaient à cette époque que du commun, c'est-à-dire du bon marché, pour pouvoir lutter contre la concurrence des faïences fines à la façon anglaise et de la porcelaine. Mais le coup mortel leur fut porté par la grande faïencerie qu'un négociant bordelais, David Johnston, installa à Bordeaux dans le faubourg des Chartrons, dans les anciens moulins de Bacalan en 1835. Cette manufacture, montée sur un très grand pied, répandit ses nouveaux produits dans toute la région. Ces faïences fines, dites aussi terres de pipe et porcelaines anglaises, fabriquées depuis longtemps en Angleterre et même en France, comme à Creil, Montereau et Choisy-le-Roi, n'étaient ni de la faïence proprement dite ni de la porcelaine. C'était un produit d'une composition quelconque où l'argile blanche ou terre de pipe dominait, recouvert d'une glaçure ou vernis alcalin, et décoré non au pinceau, mais par le système dit à impression que les Anglais avaient inventé au XVIIIe siècle. Au point de vue céramique c'était un produit médiocre, aux formes lourdes, au décor très chargé et monochrome généralement, et enfin par le manque de dureté de sa couverte et de sa pâte ne résistant pas aux usages domestiques. Mais cette nouvelle faïence plut au public par son bon marché d'abord, par ses formes bizarres et la richesse de son décor, et surtout parce que c'était la mode, et on abandonna complètement l'ancienne faïence dure qui était devenue d'ailleurs très commune.

Il faudra encore beaucoup de recherches dans les archives publiques et particulières pour pouvoir dresser la liste de toutes les faïenceries de notre contrée au XVIIIe siècle. Mais la grande difficulté sera d'identifier, de classer les produits de ces divers ateliers qui doivent avoir entre eux beaucoup de points de ressemblance. Pour arriver à ce résultat il faudra procéder par élimination, c'est-à-dire mettre de côté les faïences connues comme celles de Samadet, de Bordeaux et s'arrêter aux pièces de fabrication inconnue qui généralement sont trouvées dans le pays où elles ont été fabriquées. Ce serait aux conservateurs de nos musées de province à se livrer à ce travail d'identification, mais ces fonctionnaires ne s'intéressent guère à ce petit côté de l'archéologie, il leur faut du préhistorique ou du gallo-romain, et Dieu sait s'ils ont su encombrer les vitrines de leurs musées de silex plus ou moins taillés et de tessons de poteries romaines !

Nous avons visité dans ces dernières années tous nos musées du Sud-Ouest, de La Rochelle à Toulouse et même jusqu'à Montpellier et nous devons dire que notre céramique régionale n'y est que fort pauvrement représentée, ce n'est pas là qu'il faut aller chercher des documents pour écrire l'histoire de la faïence du Sud-Ouest.

A La Rochelle, le musée possède quelques belles faïences de provenances diverses, mais elles ne sont ni classées ni cataloguées et les produits des ateliers de la ville et de Marans sont assez rares (1). A Saintes,

(1) Voy. sur les faïences de La Rochelle *Les faïenceries rochelaises*, par Georges Musset. La Rochelle, 1888, in-4° avec pl. en couleurs. Le même auteur vient de mettre en souscription un ouvrage sur les faïences de Marans.

il n'y a rien et pourtant la capitale de la Saintonge a eu, au XVIIIe siècle, deux ou trois fabriques (1). Au musée d'Angoulême (2) on remarque deux ou trois pièces intéressantes, et il serait facile au conservateur qui est un fin connaisseur d'en augmenter le nombre. A Cognac, le musée, grâce à la générosité d'un riche amateur, peut montrer quelques spécimens intéressants de la fabrication locale (3). Le musée de Périgueux, arrangé avec beaucoup de goût par un conservateur de bonne volonté, — ce sont toujours ceux-là qui ont le plus de zèle, — a quelques belles pièces de faïence quoiqu'un peu trop de faux Palissy, mais les faïences du pays, celles de Bergerac (4), car la capitale du Périgord n'a jamais eu de faïenceries, sont absentes.

Bordeaux est le centre du Sud-Ouest. Combien il serait intéressant de voir exposés dans une ou deux pièces d'un des musées de la ville des spécimens bien choisis et bien classés de toutes les fabriques de la région dont elle est la grande capitale, la Saintonge, le Périgord, le Bordelais, le Quercy, les Landes, l'Agenais, le Béarn, la Gascogne et une partie du Languedoc. C'est ici qu'une collection de ce genre devrait se faire. Ce ne sont pas les musées qui manquent à Bordeaux : Musée préhistorique au jardin public,

(1) *Notes sur les potiers, faïenciers et verriers de la Saintonge*, par CH. DANGIBEAUD. (*Recueil de la Commission des arts et monuments historiques de la Charente-Inférieure*, t. VII (1884), *passim*).

(2) *Documents inédits sur les faïences charentaises*, par RIS-PAQUOT. Paris, 1878, pet. in-8° avec pl. en couleurs. — *Notes sur les faïences d'Angoulême et de Cognac* (XVIIIe *et* XIXe *siècles*), par EMILE BIAIS, (*Réunion des Sociétés des beaux-arts des départements*, 1894, p. 283-306).

(3) *Les anciennes faïenceries de Cognac, Châteauneuf et Gardepée*, par F. DE LACROIX, Cognac, S. d. (1904), in-8°, 24 pages.

(4) On n'a jamais rien écrit sur les faïences du Périgord et pourtant à la fin du XVIIIe siècle il y avait trois faïenceries à Bergerac, une à Thiviers et une au Fleix. Nous avons trouvé des documents sur ces ateliers périgourdins inconnus.

Musée des antiques, rue Mably, Musée suburbain, Musée dit Carnavalet ou plutôt de Carnaval, rue des Frères Bonie, Musée de la Porte du Palais. On voit que les curieux ont de quoi se promener. Dans un de ces musées municipaux où on ne trouve pas un seul catalogue, il y a bien quelques belles pièces de faïence hispano-moresque, de Delft ou de Rouen, il y a même quelques faïences bordelaises, mais on n'a jamais cherché à y grouper d'une manière raisonnée des types variés de fabrication locale.

Mais continuons notre voyage à travers les autres musées de notre région. Agen possède un musée qui, grâce à la libéralité d'un riche donateur, vient tout récemment de voir entrer dans ses salles de véritables merveilles. Il y a là des plats hispano-moresques, des porcelaines de Saxe et de Sèvres, de vieilles tapisseries et autres bibelots rares et précieux dignes du musée d'une capitale. Mais les produits céramiques du pays, de Moncaut et de Laplume (1), assez rares d'ailleurs, font là bien triste figure au milieu de tous ces objets d'art. Agen a de plus l'avantage d'avoir un conservateur très érudit et qui s'occupe de son musée. A Montauban le musée ne possède pas une seule pièce de fabrication montalbanaise. Pour étudier les produits des ateliers du Bas-Quercy, Montauban, Ardus, Auvillars et Négrepelisse il faut aller visiter la collection formée par un amateur de la ville qui l'a décrite avec une science approfondie (2). Le Musée de Dax a accroché à ses murs pour toute faïence trois ou quatre mauvaises assiettes de Samadet. Il y en a tout autant

(1) *Les anciennes faïenceries de l'Agenais : Moncaut, Laplume*, par G. Sabatier (*Revue de l'Agenais*, 1897, p. 99-805, avec pl. Il y a eu un tirage à part).

(2) *Les anciennes faïences de Montauban, Ardus, Négrepelisse, Auvillars*, par Ed. Forestié. Montauban, 1876, in-8°.

à Pau, au Musée de peinture. Passons rapidement. A Toulouse, au Musée Saint-Raymond, quelques grossiers vases de pharmacie fabriqués peut-être à Martres-Tolosane, épaves de la pharmacie d'une maison de charité fermée récemment, et c'est tout. D'ailleurs on ne connaît pas la faïence de Toulouse (1). Au Musée de Carcassonne quelques faïences assez médiocres, aussi n'est-ce pas pour y contempler la faïence qu'il faut aller à Carcassonne avant de mourir, mais il y a la cité du moyen âge qui est une merveille, trop bien restaurée peut-être. La jolie ville de Montpellier possède un magnifique musée de peinture : on y trouve quelques faïences sorties des anciennes fabriques de la ville, fabriques dont on n'a jamais écrit l'histoire (2) et au sujet desquelles un grand connaisseur en céramique fait en ce moment des recherches dans les archives locales.

A Narbonne il faut s'arrêter quelque temps. C'est la seule ville de toute notre région pouvant montrer un musée céramique. Il y a là, dans l'ancien archevêché, dans des salles aux riches boiseries sculptées, des vitrines remplies de superbes faïences de toutes provenances : Nevers, Rouen, Moustiers, Montpellier et Marseille surtout, toutes ces fabriques célèbres sont représentées par des pièces de premier ordre, très bien classées et cataloguées avec soin. Pourquoi en est-il ainsi à Narbonne ? Pourquoi le Musée céramique de cette ville est-il classé et catalogué? C'est qu'il est placé sous la direction de la *Commission archéologique*

(1) On cite pourtant deux faïenceries comme ayant existé à Toulouse, au XVIIIe siècle.

(2) André Philip, venant de Marseille, établit une faïencerie à Montpellier en 1750. On cite aussi la faïencerie Olivier, mais on ne sait rien encore sur cette fabrique qui remonte peût-être à la fin du XVIIe siècle.

et littéraire de l'arrondissement de Narbonne et que c'est un membre compétent de cette commission qui a rédigé le catalogue avec des notes sur chaque pièce décrite et une notice historique sur chaque fabrique représentée dans cette collection vraiment remarquable (1).

Il devrait en être dans chaque ville de province comme à Narbonne. Les conservateurs de musées devraient être entourés d'une commission consultative composée d'archéologues et d'érudits, car il ne faut guère compter sur les membres de nos administrations municipales qui sont la plupart du temps absolument étrangers à tout ce qui touche à l'art et à l'archéologie, les choses de la politique, leurs affaires personnelles et les soins de leur réélection ayant seuls le don de les captiver.

On voit donc qu'il y a encore beaucoup à faire pour établir la liste de toutes nos faïenceries anciennes du Sud-Ouest. C'est aux archéologues, aux collectionneurs, aux conservateurs de nos musées à se livrer à des recherches sur place. Pour nous, comme nous l'avons dit au commencement, nous ne pousserons pas plus loin nos investigations en dehors de la région bordelaise, nous avons épuisé, pour ce qui concerne les faïenceries de la Gascogne, les sources où nous avons puisé, mais nous espérons que les notes et documents que nous publions aujourd'hui attireront l'attention des érudits céramistes et les amèneront à faire de nouvelles découvertes.

(1) *Catalogue raisonné des objets d'art et de céramique du Musée de Narbonne*, par Eugène Fil, membre de la Commission archéologique. Narbonne, 1877, in-8°. Pour la céramique seule, ce catalogue contient 624 numéros.

II. — Porcelaineries

(DAX. — CIBOURE. — PONTENX)

Si les historiens céramistes ont pu citer quelques faïenceries de la Gascogne au XVIIIe siècle comme celles de Samadet et d'Auch par exemple, mais sans parler de celles de Bayonne, de Saint-Maurice et de Ligardes que nous avons pour ainsi dire révélées dans notre première partie, ils ont ignoré presque complètement les recherches intéressantes qui ont été faites aux environs de Dax en 1768 pour découvrir du kaolin propre à la fabrication de la porcelaine, et ils n'ont pas connu les porcelaineries qui ont fonctionné à la fin du XVIIIe siècle à Ciboure, dans le pays de Labourd et à Pontenx dans le pays de Born; ateliers dont nous allons pouvoir établir l'existence par des documents authentiques, la plupart inédits.

Il n'y a pas entre la faïence et la porcelaine la différence qu'on croit généralement. On a dit et on a écrit que la porcelaine n'avait aucun rapport avec les autres produits céramiques, c'est une erreur : la porcelaine dure la plus fine, comme la brique la plus commune, ne sont pas autre chose que de l'argile cuite.

Notre langue française, comme d'ailleurs les autres langues, ne possède pas de terme générique pour désigner tous ces produits dont l'argile est la base, comme les poteries mates, lisses ou vernissées, les grès-cérames, la faïence fine dite terre de pipe, etc. Bernard Palissy a employé l'expression, *l'art de terre*, mais l'argile n'est pas de la terre. Quant aux mots céramique, poterie, porcelaine et faïence, ils ne désignent pas d'une manière exacte les objets qu'ils représentent. Les uns, comme céramique et poterie ne font que nous rappeler que les peuples anciens se servirent de la corne des animaux pour contenir les liquides et que les premiers façonneurs d'argile firent d'abord des vases à boire; les autres, comme porcelaine et faïence, ont des origines absolument inconnues; le mot porcelaine, n'est ni chinois, ni grec, ni latin, le mot faïence vient-il de Faënza en Italie, de Faënza en Provence ou même de Valencia en Espagne, c'est ce qu'on ignore.

On a beaucoup écrit à ce sujet sans pouvoir conclure. Ce qu'il y a de sûr, c'est que l'argile est le principal élément qui entre dans la composition de tous ces produits céramiques et que l'argile est une matière parfaitement connue: c'est un silicate d'alumine qui par la forme lamellaire de ses molécules est d'une plasticité parfaite qui l'a fait adopter ds tout temps pa: les potiers et les statuaires. Mais cette argile est plus ou moins pure selon les endroits où elle se trouve. Produit de la décomposition du feldspath (1) qui est lui-même le résultat de la désagrégation de certaines roches silico-alumineuses, sous l'effet de l'eau et de l'acide carbonique; l'argile est très pure aux pieds des roches, sur les hauts plateaux, c'est le kaolin (2), mot chinois qui signifie colline haute, mais entraînée par les bouleversement géologiques dans les vallées, cette argile pure se charge de matières étrangères et c'est alors de l'argile commune, grise ou rouge.

(1) Le feldspath, mot allemand, qui vient de *feld* champ, et *spath* minéral, ainsi appelé parce que c'est le minéral qui se trouve en plus grande abondance sur l'écorce-terrestre et auquel les Chinois ont donné le nom de *Pétunsé*, est un silicate double d'alumine et d'alcalis (potasse ou soude).

(2) Le kaolin est un bisilicate d'alumine hydraté.

Pendant très longtemps on n'a connu en Occident que cette argile commune qui servait aux potiers à modeler les ustensiles à usage domestique, ustensiles qu'ils ont recouverts, pour cacher la vilaine couleur de l'argile et pour la rendre imperméable, d'abord d'un vernis vitreux à base de plomb, c'est ce qu'on appelle poterie vernissée qui se fabrique encore pour les usages domestiques, et plus tard d'un émail blanc opaque composé de plomb et d'étain, c'est la faïence. Mais les Chinois avaient depuis longtemps, avant l'ère chrétienne, découvert de l'argile blanche très pure dans leur pays, argile à laquelle ils ont donné le nom de kaolin, et c'est grâce à ce minéral précieux qu'ils ont pu fabriquer, dès cette époque reculée, de la porcelaine dure.

Cette porcelaine chinoise est restée pendant des siècles inconnue en Europe. On a prétendu que les célèbres vases murrhins, achetés par Néron, étaient de la porcelaine de Chine et avaient été apportés en Egypte par des caravanes à travers l'Asie, mais rien ne le prouve. Les porcelaines de Chine furent importées pour la première fois en Europe, croit-on, par le voyageur vénitien Marco Polo, à la fin du XIIIe siècle, et plus tard, au XVIe siècle, par les navigateurs portugais et hollandais, après la découverte de la route des Indes. Mais c'est au XVIIe siècle que la célèbre Compagnie des Indes couvrit le marché de ces produits d'Extrême-Orient. Les céramistes français en prirent ombrage, voyant là une concurrence pour leurs faïences qui ne pouvaient lutter contre la légèreté, la transparence et la richesse de décor de la porcelaine. C'est alors, à la fin du XVIIe siècle, que certains faïenciers se mirent à faire des imitations de porcelaine de Chine avec une pâte transparente qui en avait la légèreté et la finesse. C'est ce qu'on a appelé de la porcelaine tendre ou pâte tendre, produit qui fut très en vogue pendant la première moitié du XVIIIe siècle et que les collectionneurs modernes se disputent à l'envie. Mais ce nouveau produit n'était pas encore de la porcelaine dure comme celle de Chine dont on ignorait la composition, car on ne connaissait en France ni le kaolin, ni le feldspath. Lorsque les premières porcelaines de Saxe furent introduites dans notre pays, vers la fin du règne de Louis XIV, la curiosité publique fut poussée à son comble et les recherches des céramistes et des savants redoublèrent d'activité. Réaumur se livra à de longues expériences dans son laboratoire et il en conclut que la porcelaine de Chine n'était autre chose que du verre dévitrifié et rendu opaque, et il composa même, paraît-il, une sorte de porcelaine qu'on a appelée porcelaine de Réaumur (1), mais dont aucun spécimen n'est arrivé jusqu'à nous. Le grand savant se trompait, il n'avait pu analyser dans ses creusets la porcelaine dure, il n'avait reconnu ni le kaolin ni le feldspath.

C'est le jésuite français, le P. d'Entrecolles, missionnaire en Chine et qui avait une mission précisément à Yao-Tchéou, province de Kiang-Sé, principal centre de fabrication de la porcelaine de Chine, qui put se procurer les matières employées par les Chinois et fut le premier à faire connaître en France la composition de ce produit céramique d'Extrême-Orient. Il envoya à Paris, au P. Orry, procureur des missions de la Chine et des Indes, des échantillons de kaolin et de feldspath

(1) *Mémoires de l'Académie des Sciences*, 1727, 1729, et 1739 : *Communications de M. de Réaumur sur l'art de faire une nouvelle espère de porcelaine par des moyens extrêmement simples et faciles ou de transformer le verre en porcelaine.*

que les habitants du Céleste Empire appellent *Pétunsé* et fit suivre cet env de lettres explicatives datées de 1712 et 1722 (1).

De ce jour, on connut en France les secrets de fabrication de la porcelaine de Chine et de celle de Saxe, et on s'empressa de faire des essais de fabrication dans plusieurs ateliers et notamment à Vincennes (2), avec des kaolins venus d'Allemagne, mais qui réussirent parfaitement.

Tout le monde se mit alors à chercher des gisements de kaolin mais qui ne fournirent qu'un k lin impur, comme celui que découvrit vers 1750, à Maupertuis, près d'Alençon, Guettard, chimiste attaché à la personne du duc d'Orléans (3). Des expériences furent faites avec ce kaolin par Guettard, dans les laboratoires du duc à Bagnolet, et par le duc de Brancas-Lauragnais, membre de l'Académie des sciences, dans son château de Lassay. Mais ces tentatives ne donnèrent qu'un résultat médiocre, le kaolin d'Alençon ne produisait qu'une porcelaine bise.

Les recherches de gisements de kaolin continuèrent plus actives que jamais ; géologues, céramistes, ingénieurs, se livrèrent à des sondages dans toutes les régions sauf dans celles où ils avaient quelque chance d'en trouver, et ce n'est qu'en 1766 qu'un pharmacien bordelais, Marc-Hilaire Vilaris, reconnut un gisement

(1) *Lettres édifiantes et curieuses écrites des missions étrangères par quelques missionnaires de la Compagnie de Jésus*, Paris 1707-1776, 34 volumes in 12 et aussi *Paris*, 1780-1783, 26 volumes in-12. Ces lettres ont été reproduites dans les *Memoires de Trevoux*, dans la *Description de la Chine* du P. du Halde et dans d'autres ouvrages.

(2) Vincennes est l'origine de la Manufacture de porcelaine de Sèvres qui fut transférée dans cette dernière localité en 1753.

(3) Voy *Mémoires historiques sur Alençon et sur ses seigneurs*, par *Odolant Desmes*, 1787.

de kaolin à Saint-Yrieix, dans le Limousin, le premier qui ait été découvert en France.

On a entouré cette découverte du kaolin en Limousin d'une véritable légende, on s'est plu à en attribuer le mérite au pur hasard, à la brave femme d'un chirurgien de Saint-Yrieix, qui lavait son linge avec cette terre blanche. Il en a été de même pour le kaolin de Saxe que Bottger, l'inventeur de la célèbre porcelaine de Meissen, aurait trouvé dans sa perruque, et de la terre blanche ou silex calciné appelée terre de pipe, que le potier anglais Atsbury aurait reconnue en s'en servant d'abord pour soigner une ophtalmie dont son cheval était atteint. Toutes ces légendes sont répétées sans cesse par des écrivains supeficiels qui n'ont d'autre but que d'amuser leurs lecteurs, et pour ce qui concerne le kaolin du Limouisn, certains de ces écrivains ont raconté à plaisir l'histoire de Madame Darnet, la femme du chirurgien et n'ont même pas prononcé le nom de Vilaris. Or, c'est lui le premier qui a pensé au Limousin, qui a envoyé des échantillons d'argile à Darnet et enfin qui a su reconnaître, dans son laboratoire de Bordeaux et grâce aux études qu'il avait faites en chimie et en minéralogie, les propriétés de la terre que le chirurgien de Saint-Yrieix lui avait adressée. Nous venons de publier (1) une notice assez étendue et très documentée sur Vilaris et la découverte du gisement de Saint-Yrieix dont on a essayé maintes fois d'attribuer le mérite à d'autres qu'à l'apothicaire bordelais, et nous renverrons à cette notice ceux de nos lecteurs que cette question intéresserait, mais pour pouvoir arriver aux recherches faites aux environs de Dax et qui sont la conséquence de celles dirigées dans le

(1) *Revue philomathique de Bordeaux*, numéros d'août et octobre 1907.

Limousin, nous sommes obligé de résumer ici l'historique de cette affaire du kaolin et de Vilaris, et de nous répéter un peu.

§. 1. — RECHERCHES DU KAOLIN AUX ENVIRONS DE DAX EN 1768

Nous avons dit qu'au milieu du XVIIIe siècle tout le monde en France cherchait des gisements de kaolin et que dans beaucoup de laboratoires on faisait des essais de fabrication de porcelaine dure avec des kaolins allemands. A la Manufacture royale de porcelaine de Sèvres surtout, on ne cessait de se livrer à des expériences qui étaient dirigées par le chef des laboratoires d'essai, le grand chimiste Macquer, membre de l'Académie des sciences. Or, un jour de l'année 1765 que l'archevêque de Bordeaux, Monseigneur Audibert de Lussan, qui s'intéressait beaucoup lui-même à cette question de céramique, visitait la Manufacture de Sèvres, le directeur, M. Boileau, le fit passer dans le laboratoire d'essai, lui montra les pièces de porcelaine qu'on venait de fabriquer avec du kaolin et le pria, en lui donnant quelques échantillons, de voir si dans son diocèse on ne trouverait pas d'argile semblable. L'archevêque promit de s'en occuper en ajoutant qu'il allait envoyer ces échantillons à un très habile naturaliste de Bordeaux, le pharmacien Vilaris. Voilà le point de départ des recherches de notre concitoyen et on voit que ce n'est ni le hasard ni la femme du chirurgien de Saint-Yrieix qui amenèrent la découverte du célèbre gisement du Limousin, mais l'initiative de Monseigneur Audibert de Lussan et les connaissances spéciales du pharmacien bordelais. Et de même qu[ce] fut un père jésuite qui fit connaître le premier, comme nous l'avons expliqué, les secrets de fabrication des Chinois, ce fut un prélat français qui fut le promoteur de ces recherches qui aboutirent à la découverte du fameux gisement de kaolin du Clos-de-Bar, dans la paroisse de Saint-Yrieix en Limousin, l'origine de notre fabrication française de porcelaine dure.

Marc-Hilaire Vilaris n'était pas le premier venu (1), ce n'était pas un simple apothicaire de province, comme on s'est plu à l'appeler avec quelque dédain, c'était un savant. Son père, qui avait fondé une pharmacie à Bordeaux en 1693, l'envoya terminer ses études scientifiques dans le laboratoire du célèbre chimiste Rouelle, le maître de Lavoisier. Après avoir terminé ses études dans la capitale, il fit son service militaire en Allemagne, pendant les guerres de Hanovre, comme pharmacien, il rentra à Bordeaux et succéda à son père. Tout en dirigeant sa pharmacie avec « une scrupuleuse délicatesse dans le choix et l'admission des drogues et une rare probité qui lui valurent la confiance des médecins et l'estime de ses concitoyens (2) », Vilaris s'occupa de recherches de laboratoire qui amenèrent des découvertes qui auraient pu rendre d'immenses services, surtout à la marine, s'il avait été mieux secondé par l'administration.

Dès que le savant bordelais fut en possession des échantillons du kaolin de Sèvres que lui envoya l'archevêque de Bordeaux, il se mit immédiatement en

(1) Vilaris était né à Bordeaux en 1719, il y mourut célibataire en 1792. Il avait succédé à son père comme pharmacien en 1748 et avait été reçu membre de l'Académie de Bordeaux en 1752.

(2) *Notice sur Marc-Hilaire Vilaris par le citoyen Tournon*. Cette biographie, la meilleure qui ait été écrite, a paru simultanément dans le *Magasin Encyclopédique de Paris*, T. 21 (1798), pages 55 et suivantes et dans le *Journal de Santé et d'Histoire naturelle* de Bordeaux, an VI (1798), T. 30, pages 292 et suiv. L'auteur de cette notice, le Dr Tournon, médecin bordelais, avait connu personnellement Vilaris.

campagne et fit plusieurs voyages dans la région des Cévennes et des Pyrénées, sachant que l'argile blanche était le résultat de la décomposition des roches et devait se trouver aux pieds de ces roches, sur les hauts plateaux. Il consacra les années 1765 et 1766 à ces voyages, mais dans cette contrée il ne trouva rien. Il songea alors au Limousin et se rappela qu'il avait connu en Allemagne, pendant qu'il y faisait son service militaire, un chirurgien français du nom de Darnet, qui habitait maintenant Saint-Yrieix, non loin de Limoges. Il envoya à ce chirurgien quelques morceaux des échantillons de kaolin qu'il avait reçus de Sèvres, le priant de voir s'il n'y aurait pas de la terre semblable dans la contrée où il résidait, mais sans lui apprendre que c'était de la terre à porcelaine. Darnet, au reçu des échantillons, s'aperçut que sa femme se servait d'une terre blanche du même genre pour laver son linge, et il en envoya de suite un petit lot à Vilaris, avec la croyance que celui-ci était à la recherche de terre à foulon pour dégraisser les draps.

Dès que Vilaris eut entre les mains l'envoi de Darnet, il reconnut bien vite en cette terre, après l'avoir analysée dans son laboratoire, le minéral précieux cherché en France depuis si longtemps, le kaolin chinois, et d'une qualité supérieure. En toute bonne foi il en expédia de suite quelques échantillons à Sèvres où le grand chimiste Macquer, directeur des laboratoires d'essai, continuateur des grands travaux de Réaumur sur la fabrication de la porcelaine et qui faisait chercher par tous les ingénieurs de France des gisements de kaolin, ne fut pas long à reconnaître lui aussi dans la terre de Saint-Yrieix un kaolin d'une pureté absolue. Il voulut savoir immédiatement où se trouvait ce gisement remarquable. Mais on avait promis une récomprense assez importante à celui qui découvrirait du kaolin en France, et Vilaris qui avait fait d'assez grandes dépenses depuis deux ans en déplacements, en expériences de laboratoire et qui avait de plus négligé ses propres affaires, voulait avoir des garanties au sujet du paiement de cette récompense, car il avait de bonnes raisons de se méfier des instructions des fonctionnaires de Sèvres, du chimiste Macquer et du ministre Bertin ; ce qui se passera plus tard prouvera que le pharmacien bordelais avait parfaitement raison de prendre ses précautions.

Macquer employa tous les moyens pour arriver à son but, tâcher de savoir où était le gisement de kaolin, se passer du concours de Vilaris et s'attribuer tout le mérite de cette découverte. Il insista d'abord, menaça ensuite en faisant jouer toutes les influences, celle du ministre Bertin et celle surtout de l'archevêque de Bordeaux, Monseigneur Audibert de Lussan, qui honorait Vilaris de son amitié, qui a joué dans toute cette affaire le rôle le plus honorable, mais que cependant on a essayé de rendre responsable de l'attitude du pharmacien bordelais.

De guerre lasse, le chef des laboratoires de Sèvres se décide à aller lui-même à Bordeaux pour arracher son secret à Vilaris et il se fait accompagner d'un contremaître de la Manufacture, Millot. Tous deux sont persuadés que le gisement de kaolin doit se trouver dans la région pyrénéenne, d'autant plus que M. de Borda, le célèbre naturaliste, leur avait fait savoir qu'on trouverait certainement de cette argile blanche aux environs de Dax.

Macquer et son compagnon arrivèrent à Bordeaux

au commencement du mois de septembre 1768 et eurent dès le premier jour une entrevue avec Vilaris chez l'Archevêque, entrevue qui n'amena aucun résultat, et quelques jours après ils partaient pour Dax et tournaient ainsi le dos à la région vers laquelle ils auraient dû se diriger.

Le contre-maître Millot nous a laissé une relation de son voyage à Bordeaux et à Dax, relation dont le manuscrit, conservé à la bibliothèque de la Manufacture de porcelaine de Sèvres n'a jamais été publié *in-extenso*. Nous l'avons fait transcrire avec le plus grand soin et nous allons reproduire ici la partie de cette relation concernant le séjour de Macquer et de Millot à Dax et leurs recherches dans la région :

En arrivant à Bordeaux, nous sommes allés saluer Monseigneur l'Archevêque qui nous a reçus avec beaucoup de plaisir. Le lendemain, le sieur Vilaris nous est venu trouver à notre auberge, mais il n'a pas voulu nous dire où étoit cette terre en disant que le Ministre ne le récompenserait pas de ses peines. Il a donc falut (1) écrire à M. de Bertin. Nous avons été neuf jours sans avoir de reponce. La lettre arrivée nous a défendu de ne plus parler au sieur Vilaris et chercher dans les environs de Bordeaux et meme d'aller jusqu'à Bayonne, là où nous avons resté huit jours et deux jours à Briariz sans pouvoir trouver personne pour nous indiquer de pareille terre a nos echantiillons de Bayonne.

Nous sommes revenus à Dax où nous avons resté 27 jours logés chez M. Mazin, à la Balance. Nous avons faits plusieurs sorties dans ces environs du côté du Poultion (2). Nous avons trouvée une espèce de blanc qui ressembloit à de la craie et très réfractaire. J'en ai apporté plusieurs livres à Dax, je l'ai bien décomposée par les lavages, après j'en ai fait plusieurs petites plaques avec addition, que j'ai été écrire à la forge d'un serrurier nommé Sainte Marie ; Ces premières plaquettes ont été un peu enfumées à cause

(1) Nous croyons devoir respecter l'orthographe de Millot.

(2) Il faut lire Pouillon, aujourd'hui chef-lieu de canton, arrondissement de Dax, à 6 kilomètres de cette dernière ville.

des creusets qui étoient de mauvaise qualité. Nous avons été chez M. Bordat, président de cette ville (1), pour lui demander, comme naturaliste, s'il ne connaitroit pas des terres à creuzets, qui résiste au plus grand feu. N'en ayant pas trouvé dans son cabinet d'histoire naturelle, je me suis servi de la terre ou blanc que j'avois trouvée près de Poultion, pour faire des creusets. Le lendemain je me suis promenée presque toute la journée sans apercevoir aucune bonne terre. J'ai seulement trouvé une pierre à plâtre que j'ai apportée à notre auberge, je l'ai cassée par morceaux, je l'ai mise en suite dans l'âtre du feu avec des charbons allumés dessus pendant une demi heure après, je l'ai bien pelée et passée au tamis, ce qui m'a fait un très bon plâtre. J'ai moule la moitié d'un œuf qui m'a fait un petit moule qui m'a servi pour tous nos essais.

J'ai fait quelques petits godets et quelques petites plaques que 'ai été écrire chez notre serrurier et qui m'ont beaucoup mieux réussit que la première fois. Chaque fois que je cuisais, je donnais 6 francs au serrurier, tant par le charbon que son temps perdu. Toutes nos petites épreuves faites, nous avons parti pour Bordeaux, avec une quarantaine de livres de terre toute décomposée, ainsi que tous nos petits essais de porcelaine faits à Dax.

Monseigneur l'Archevêque les ayant vus et bien examinés a envoyé chercher le sieur Vilaris en notre absence, qui s'est trouvé bien sot de voir après son refus que nous avions trouvé le kaolin comme lui (2). Le lendemain matin, le sieur Vilaris nous est venu trouver mais il n'étoit pas si fier que lorsque nous sommes arrivés à Bordeaux. Il nous a offert tous ses services et mieux qu'il alloit nous conduire sur le lieu où étoit le kaolin en disant que le Ministre lui donneroit ce qu'il voudroit pour ses peines. Le jour pris, il a été nous chercher à Tiricé, en Perigor (3).

Nous allons maintenant donner des lettres de Macquer adressées au Ministre Bertin et à son frère, conseiller au Parlement de Paris. Ces lettres qui sont des

(1) Il veut dire président au Présidial de Dax.

(2) Nous expliquerons plus loin que la terre trouvée aux environs de Dax par Millot, n'était pas du tout du kaolin, mais que lui et Macquer l'ont laissé croire à Vilaris, à leur retour à Bordeaux, pour surprendre sa bonne foi.

(3) C'est-à-dire à Saint-Yrieix qui se trouvait à cette époque en Limousin, sur les confins du Périgord.

brouillons de la main du grand chimiste, font partie de ses papiers conservés à la Bibliothèque nationale (1). Elles ont été publiées en partie dans le *Bulletin de la Société archéologique et historique du Limousin* (2), mais certains passages ayant trait précisément au voyage de Macquer à Bordeaux et à Dax ont été supprimés, nous ne savons pourquoi. Nous avons fait transcrire tout le dossier très exactement, nous nous sommes déjà servi de plusieurs lettres pour notre travail sur Vilaris, nous allons reproduire ici quatre lettres de Macquer, trois au ministre Bertin, et une très intéressante à son frère, concernant son séjour dans le pays Dacquois, en supprimant tout ce qui est étranger au sujet qui nous intéresse :

Lettre de P.-J. Macquer, de l'Académie des sciences au Ministre Bertin :

« A Bordeaux, ce 3 septembre 1768. — ..... Je juge par ce que j'ai vu que ce ne sera pas dans le Bordelais proprement que nous trouverons notre terre, mais tout m'indique que La Chalosse, païs qui est entre Dax et Bayonne, renferme beaucoup de terres de cette espèce : cela se rapporte on ne peut mieux avec les recherches que vous avez déjà fait faire dans ces cantons, et je commence à bien augurer de notre voyage.....

« .....Le bibliothécaire du collège royal, cy-devant des Jésuites, qui me parait être le meilleur naturaliste de l'Académie de Bordeaux, me donne tous les renseignements imaginables, et l'ayant mis sans affectation sur l'article des terres, tout ce qu'il m'a dit à ce sujet, me confirme encore que c'est dans la Chalosse et depuis Dax jusqu'aux Pirénées, qui n'en sont pas fort éloignés, qu'il faut les aller chercher..... Je prévois que je serais obligé de séjourner plus longtemps à Dax que dans tout autre endroit, ainsi, si vous avez plusieurs ordres à me donner, je crois que vous pourriez me

(1) Manuscrits, fonds français, n° 9135.
(2) *Bulletin de la Société archéologique et historique du Limousin*, T. XL (1893).

les envoyer à l'adresse de M. de Borda, président au présidial de Dax, correspondant de notre Académie des sciences de Paris, qui a fait des recherches sur les terres de son païs, que tout le monde me dit être savant et communicatif, et sur lequel je compte beaucoup pour toutes ces raisons. »

Lettre de P. J. Macquer, de l'Académie des sciences, au chimiste Bertin :

« A Dax, ce 18 septembre 1768. — . ... Comme Bayonne n'est qu'à douze lieues de Dax et que je comptois y trouver M. l'Intendant, je m'y suis rendu de Bordeaux, mais j'ai appris en arrivant que M. Daine étoit à Pau ; il aurait fallu faire encore une assez longue route pour l'aller trouver et, d'ailleurs, je prévoiais par tout ce que j'avais appris que je pourrois me passer de ses ordres et même de l'assistance de M. Glaise qui est aussi à Pau. Je me suis donc contenté de voir M. de Moracine et M. du Courneau, ses subdélégués, qui m'ont donné une lettre pour M. de La Fargue, subdélégué à Dax, dont je me servirai cependant, suivant vos intentions, que dans le besoin, et probablement ce besoin n'aura pas lieu, car je trouve dans M. de Borda, président au présidial de Dax et correspondant de notre Académie des sciences, tous les secours et toutes les lumières que je peux désirer. C'est un savant rempli de zèle, qui n'a nulle prétention, nuls secrets et qui joint à ces belles qualités une modestie charmante : il a fait une des plus belles collections que j'aye encore vues de minéraux, de terres et de pierres, et ce qui est très précieux pour nous, c'est que ce cabinet n'est composé uniquement que des terres et des pierres du païs, toutes en bon ordre, avec l'indication précise des lieux d'où elles sont tirées. Vous croiez bien, M., que j'ai profité de la bonne volonté de M. de Borda pour examiner en grand détail toute cette collection. Entre beaucoup de bonnes terres que j'ai vues, j'en ai remarqué deux qui m'ont paru l'emporter infiniment sur les autres, l'une est d'un lieu qu'on nomme Bellus et l'autre est le Pouillon, qui est l'endroit où M. Gleise a déjà commencé à chercher par vos ordres. Pour ne m'en rapporter uniquement qu'à moi, j'ai prié M. de Borda qu'il trouvât bon que mon compagnon Millot examinât aussi ses terres, et il n'a pas balancé à donner la préférence à celles dont j'ai l'honneur de vous parler. M. de Borda nous a laissé prendre non seulement ces deux terres, mais encore toutes celles que nous avons voulu ; voyant même que c'était l'objet qui nous intéressait le plus, il nous en a procuré encore trois autres qu'il n'avoit pas pour le présent et qu'il a fait venir d'assez loin par des esprès. Notre premier soin a été de comparer la plus belle de ces terres avec celle de Passan et celle du sieur Villaris dont nous avions emporté des échantillons avec nous, et nous avons remarqué d'abord que quoiqu'elles les égalât en beauté, elle était cependant d'une nature differente, mais comme il ne faut pas s'en rapporter aux seules apparences, nous nous sommes mis en devoir d'en faire des lavages et même l'essai au feu, et quoique nous manquassions de tous les ustensiles nécessaires à ces opérations, il y a supplée on ne peut mieux par son adresse et son industrie. Sa chambre est devenue notre laboratoire et represente presque une petite manufacture de porcelaine, aux fours près que nous ne pouvions avoir et auxquels nous avons supplée par la forge d'un serrurier, au moyen de toutes les precautions que nous avons, nos essais s'y sont très bien faits ; ils nous ont decidés sur celle de toutes ces terres à laquelle nous devons donner la preference, elle a fait une porcelaine qui nous parait approcher de celle du sieur Villaris, quoique nous ne puissions nous dissimuler qu'elle lui est un peu inferieure en beauté et que nous n'ayons quelque crainte qu'elle ne soit aussi un peu en bonté. Mais ce n'est encore là, M.... qu'un premier aperçu. Nous allons presentement visiter les lieux nous mêmes et faire fouiller aussi amplement qu'il faudra pour trouver tout ce que ces cantons peuvent renfermer de bonnes terres ; peut être en trouverons nous de beaucoup superieures à celles que nous avons deja essayees, car M. de Borda n'a pas plus fait fouiller que M. Glaise, il s'est contente de prendre des echantillons de celles qu'il a eu occasion de trouver dans les fouilles faites pour tirer de la marne et de les ramasser en simple naturaliste. Quoique très savant dans la minéralogie et très bon physicien, il ne s'est pas du tout occupé de chymie, il n'a point de laboratoire ni aucun des instruments nécessaires aux expériences, il n'a jamais pensé à faire de la porcelaine, et tout savant qu'il est d'ailleurs, il n'a pas même les premières notions, sur cet objet ; s'il s'étoit occupé de ce travail l'aurait été un grand avantage pour nous, car du caractère dont il est, je suis assure qu'il nous aurait prêté son laboratoire, tous ses ustensiles, et qu'il nous auroit communiqué, sans la moindre restriction toutes les connaissances qu'il auroit pu avoir, sans autre motifs que celui d'être utile et de contribuer au progrès des sciences et des arts. C'est un des plus aimables et des plus estimables hommes que je connoisse. Je ne puis assez vous exprimer M...., tout ce qu'il fait pour nous donner les facilités dont nous avons besoin : il est d'ailleurs la prudence et la discrétion même. J'ai cru qu'avec un homme comme celui là je pouvois, je devois même m'ouvrir jusqu'à un certain point ; il sait donc que le but de nos recherches est une terre propre à la porcelaine, et que c'est par vos ordres, M.... que nous faisons ces recherches. Cette confidence qui l'a beaucoup flatté lui fait prendre en même temps toutes les mesures convenables pour entrer, dans nos vues, c'est-à dire pour que nos opérations se fassent bien mais sans éclat et comme de simples recherches d'histoire naturelle, ce qui lui est facile, puisqu'il est connu comme naturaliste depuis longtemps dans la province.

« Il a fait des pluies si considérables et si continuelles icy depuis que nous y sommes arrivés, qu'il nous eut été impossible de faire nos opérations dans la campagne tout de suite, nous n'aurions trouvé que des bourbiers dans cette Chalosse dont la terre est grasse et argileuse. Nous sommes donc forcés d'attendre que le tems soit un peu remis et ce délai nous a été très utile, nous l'avons employé, comme j'ai eu l'honneur de vous dire, à l'examen des terres de M. de Borda et à en faire les essais qui sont indispensables, car il en a beaucoup qui, à l'inspection seule, sont capables de tromper les plus habiles connaisseurs. Le tems commence d'aujourd'hui à se remettre et nous allons commencer aussi à nous mettre en campagne. J'aurai l'honneur de vous instruire de nos progrès, M...., à mesure que nous avancerons.

« J'ai appris aujourd'hui que les endroits où nous pouvons espérer de trouver les meilleures terres sont des landes qui sont en même temps des communes des paroisses de Bellus et de Pouillon et cette circonstance ne peut qu'être favorable. M. de Borda, qui connoit beaucoup le sieur Villaris, m'a dit aussi avant de savoir le vrai motif de mon voyage, qu'il n'étoit jamais venu dans ce pays cy, ainsi, si nous trouvons quelque chose de bon, comme je l'espère beaucoup, ce ne sera pas sa terre, mais une équivalente. J'avois été mal informé par ceux qui m'avoient dit qu'il avoit été dans la Chalosse.... »

Lettre de P.-J. Macquer, de l'Académie des sciences à son frère :

« A Dax, ce 22 septembre 1768. — Nous sommes si éloignés, cher ami et cher frère, que la réponse d'une lettre ne peut venir que longtemps après qu'elle est partie. Je réponds par exemple aujourd'hui. 22 septembre, à celle que vous m'avez fait l'amitié de m'écrire le 6, que j'ai reçue il y a deux jours, et vous ne recevrez cette réponse probablement qu'à la fin de ce mois cy ou au commencement de l'autre. Cela fait une singulière conversation, car il y a longtemps qu'on a oublié ce qu'on a dit parce que on a dit bien des choses depuis quand on en reçoit la réponse. Mais qu'importe? On a toujours un grand plaisir quand on s'entretient avec ceux qu'on aime. Je suis dans un de ces moments de récréation, car le plus agréable que j'aye est le plaisir de vous écrire.

« Votre comparaison de mon état pendant ma route avec celui d'un homme qui regarde la curiosité par un trou et qu'on fait passer d'un coup de ficelle de Paris au port de Bordeaux, du port de Bordeaux à celui de Bayonne, etc., est d'autant plus charmante et ingénieuse qu'elle est exactement vraie. Je suis par exemple actuellement au cœur de la plus franche et de la plus pure Gascogne, et, en vérité, j'en suis tout étonné ; si je ne voyais pas la rivière de l'Adour à mes pieds et les monts Pyrénées sur ma tête, je ne pourrois me le persuader, car pour ce qui est des gens qui m'environnent, en vérité ce ne sont point des Gascons, du moins tels que nous les voyons à Paris. Je me figurais trouver icy un peuple de petits marquis, de petits chevaliers éventés, allertes, sémillans, intrigans, pleins de vanteries, d'hyperboles, etc., etc., mais ce n'est rien de tout cela, c'en est presque les antipodes ; ce sont de fort bons et honnêtes gens, modestes même et francs, en un mot qui ont quelque chose du caractère de notre bon Henri IV, dont notre cher oncle Caillet nous a raconté une anecdote qui m'a fait grand plaisir et qui en a fait beaucoup aussi à nombre d'honnêtes gens à qui je l'ai contée icy, car c'est icy sa patrie, il est né à Pau dont je ne suis éloigné que de douze lieues ; les peuples de cette contrée étoient ses sujets et Dax étoit dans ses états. Je ne puis comprendre comment tous ces honnêtes gens cy se transforment en cadedis quand ils sont à Paris, apparemment qu'ils y ont quelque disposition interne que l'air de Paris fait éclore, car je le crois en effet très propre à développer tous les vices dont on n'a que le germe. Ce qu'il y a de vrai, c'est que d'après ce que je vois, je juge qu'il n'y a point de gascons en Gascogne et que c'est à Paris qu'il faut aller les chercher quand on en veut voir.

« J'aurais été charmé de satisfaire notre cher oncle en faisant dans ces provinces une petite provision de vin, mais je crois la chose impossible, car d'abord le vin de ce païs cy, quoique de plus de deux dégrés plus méridional que le Bordelais, ne vaut rien. Ensuite, le vin commun de Bordeaux ne vaut rien non plus; le bon vin est excessivement cher et rare, et l'est devenu du double depuis l'ouragan dont je vous ai parlé. Enfin la raison des raisons, la raison péremptoire c'est que je n'aurois pas d'argent pour le payer. J'ai déjà dépensé les deux tiers de celui que j'ai emporté et j'ai encore plus de la moitié de ma besogne à faire. J'ai prié le ministre de m'en faire tenir à Bordeaux pour le retour, et s'il ne le fait pas, ce que j'ai pourtant peine à croire, en vérité je me trouverois fort embarrassé. Je vous ai dit sans doute qu'il n'y a pas moyen d'espérer d'avoir la terre du sieur Vilaris, parce qu'il est encore plus fâche contre le ministre que le ministre ne l'est contre lui, au moyen de quoi ma commission est de chercher dans ce païs cy d'autre terre équivalente dont M. Bertin avoit quelques indications; je suis occupé présentement à cette recherche; nous en avons déjà trouvé plusieurs presque aussi belles, mais pour être assurés au juste de leur qualité, il faut que nous en fassions les essais, et pour cela nous avons établi icy une sorte de petit laboratoire, malgré vent et marée, car nous avons eu toutes les difficultés imaginables à surmonter pour cela dans ce païs où l'on connoit moins la chymie et la porcelaine que l'alcoran.

Mon compagnon Millot m'a été d'une ressource infinie pour cela, c'est un homme plein d'expédients, d'industrie, d'adresse et d'activité, c'est un homme admirable dans une pareille occasion et je suis enchanté de l'avoir avec moi. Il fait avec ses doigts et son couteau des creusets et des étuis mieux que bien d'autres ne le feraient sur leur tour. Voici qu'il va entreprendre de faire des tasses de porcelaine avec les mêmes outils et je crois qu'il y reussira. Bref, il me paroit d'après des essais ou plaquettes que nous avons déjà un pis aller en terre qui approche de bien près celle de Villaris, car réellement ce païs-ci est abondant en sources très belles et des plus singulières. Dès que nous serons décidés sur la meilleure, nous tournerons nos pas vers Paris, moi avec grande joie de vous revoir, cher frère, et tous mes bons amis et amies, mais tous avec un regret bien amer de ne point aller jusqu'aux Pyrénées qui comme vous savés sont un monceau énorme des plus piquantes merveilles de la nature. C'est un meurtre en vérité de voir ces belles montagnes sur lesquelles il nous semble qu'il n'y a plus qu'à mettre le pied, quoique nous en soyons à présent à 25 ou 30 bonnes lieues, et de ne pouvoir y aller; je crois que j'en aurai regret pendant toute ma vie, mais *deficiente pecunia deficit omne* comme vous savez. Je vous embrasse avez toute la tendresse possible, cher frère, ainsi que notre cher oncle, notre cher cousin, ami et frère, et tous nos amis *ex utroque sexu*.

Lettre de P. J Macquer, de l'Académie des sciences, au ministre Bertin :

« A Dax, ce 4 octobre 1768. — M... Nous voici revenus des tournees que nous venons de faire pour la recherche des terres dans le territoire de cette ville. Vous verrés par le mémoire que j'ai l'honneur de vous envoyer que nous avons non seulement les endroits où avoit été M. Gleise et ceux qu'il avoit indiqués, mais encore plusieurs autres et que nous avons fait fouiller en tant que nous l'avons cru nécessaire dans tous ceux qui nous ont paru mériter cette attention. Vous verrés aussi par ce même mémoire que cette recherche nous a procuré une nouvelle terre à porcelaine supérieure à toutes celles dont il étoit venu des échantillons d'icy à Paris, et qui se trouve en quantité suffisante pour le service de la Manufacture. Nous attendons pour nous décider entièrement sur le mérite de notre nouvelle terre que nous ayons constaté par des épreuves en grand la bonté de la porcelaine qui en résultera, car pour ce qui est de la blancheur, elle approche si fort de celle de Villaris lorsqu'elle est bien choisie et bien épluchée que pour moi je n'y vois point de différence sensible (1). Je crois donc que nous avons rempli vos intentions, M..., autant qu'il étoit en nous et même avec bonheur, et que notre voyage n'aura été infructueux pour la Manufacture. Comme j'ai lieu de croire que nous avons épuisé ce territoire par nos recherches. Je

(1) Ce qu'il y a de sûr, c'est qu'on n'a jamais entendu parler depuis de ce fameux gisement de kaolin découvert aux environs de Dax par Macquer et Millot; il y eut ce jour-là de vrais Gascons dans la Chalosse.

ne vois rien de mieux à faire pour le présent que de nous en retourner à Bordeaux avec notre butin, nous y ferons encore quelques tentations pour découvrir, s'il est possible, l'endroit où le Sr Villaris a trouvé la terre, après quoi nous reprendrons la route de Paris. Au reste, je ne quitterai pas ce païs-cy sans y laisser de grandes dettes, non pas pécuniaires, car j'ai bien payé tout ce qu'il est possible de payer avec de l'argent, mais je ne puis assez vous redire, M..., combien j'ai d'obligation en tout genre, mais singulièrement en ce qui concerne notre objet, à M. de Borda. Une lettre ne suffit pour vous en faire le détail; je vous le raconterai de vive voix lorsque j'aurai l'honneur d'aller vous faire ma cour. Je mets au nombre des plus importants services qu'il nous ait rendus celui de nous avoir procuré un guide excellent qui nous a épargné au moins quinze jours de travaux, de fatigues et de dépenses; c'est l'homme d'affaires de Madame Dinard, proche parente de M. de Borda, femme très aimable et fort riche qui demeure à Pouillon même, et qui a eu la bonté de nous recevoir de manière à me combler et même à me donner de l'embarras et de la confusion. Cet homme qui connoit parfaitement le païs qu'il parcourre continuellement tant pour les affaires de la maitresse que pour les siennes et pour celles des haras dans lesquels il me paroit fort entendu et où il a une commission infructueuse de garde étalon, est instruit, actif et fort intelligent et c'est lui qui a découvert notre meilleure terre. Il sera un correspondant excellent que nous laisserons icy en second sous M. de Borda; il continuera à faire les recherches et les envois de terre si par la suite on en a besoin. On ne peut avoir pour cela un meilleur commissionnaire ».

Macquer et son compagnon de route Millot rentrèrent donc à Bordeaux au commencement du mois d'octobre 1768 et ils eurent dès leur arrivée une nouvelle entrevue avec Velaris, toujours chez l'archevêque. Là ils assurèrent qu'ils avaient trouvé à Dax du kaolin d'aussi belle qualité que celui dont l'apothicaire bordelais avait adressé des échantillons à Sevres. Ils montrèrent même quelques pièces de porcelaine qui auraient été fabriquées avec cette terre, alors que réellement elles avaient été obtenues avec du kaolin allemand. C'était un piège tendue à Vilaris. Celui-ci s'y laissa prendre et en présence de la beauté de cette porcelaine qu'on mettait devant les yeux et après avoir reçu l'assurance que la récompense promise lui serait bien remise, il consentit à indiquer l'endroit où se trouvait le gisement qu'il avait découvert et il conduisit lui-même Macquer à Saint-Yrieix, en Limousin.

L'État fit quelque temps après, par l'entremise de Vilaris, l'acquisition du célèbre gisement du Clos-de-Bars : On le mit immédiatement en exploitation et c'est avec ce kaolin qu'on fabrique en France les premières porcelaines dures. C'est au pharmacien bordelais que notre pays doit la prospérité de son industrie porcelainière (1).

On voit que ces lettres de Millot et de Macquer que nous venons de publier sont des documents de premier ordre. Tous ces détails qu'on y trouve sur la géologie, sur le caractère de de Borda (2), une des

(1) En reconnaissance du service immense que Vilaris avait rendu à l'industrie céramique, les porcelainiers de Limoges firent modeler son buste avec le même kaolin dont il avait eu le mérite de reconnaître la nature. Cette statuette est encore dans la pharmacie créée à Bordeaux en 1693, par le père de Vilaris et située aujourd'hui à quelques pas de notre demeure, sur la place Pey-Berland, en face de la cathédrale Saint-André.

(2) M. de Borda avait il une manufacture de poterie à Dax à l'époque où Macquer vint y chercher du kaolin et y fabriqua-t-il de la porcelaine? Voici ce qu'a écrit Fr. Alluaud, le manufacturier de Limoges, dans les *Ephémérides du ressort de la Cour royale de Limoges* en 1837 : « Déjà M. de Borda qui possédait une manufacture de poterie à Dax, y fabriquait mystérieusement de la porcelaine dure..... Macquer se met en campagne, et, guidé par les renseignements de M. de Borda, constate le 16 octobre 1768 l'existence d'une argile propre à faire de la porcelaine, dans le territoire de Pouillon, élection de Lanes, à une lieue et demie de Dax ». Dans tous les cas il y a là une erreur de date, car le 16 octobre 1768 Macquer et Millot étaient déjà de retour à Bordaux. Ce passage de la notice d'Alluaud a été reproduit dernièsement par MM. le comte de Chavagnac et le marquis de Grollier dans leur ouvrage *Histoire des Manufactures françaises de porcelaine*, Paris, 1906, in-8° de 966 pages.

glolres de la ville de Dax, et sur les mœurs de ce pays à cette époque, ne peuvent manquer d'intéresser, il nous semble, ceux de nos lecteurs qui s'occupent de l'histoire des Landes.

§ 2. — PORCELAINERIE DE CIBOURE (1779-1791)

Nous n'avons pas à apprendre aux lecteurs de la *Revue de Gascogne* ce qu'est la charmante petite ville de Ciboure, assise aux pieds des Pyrénées, à l'embouchure de la Nivelle, en face de Saint-Jean-de-Luz qui est une des plus jolies plages de l'Océan et une des stations balnéaires du Sud-Ouest les plus fréquentées pendant la belle saison.

Ciboure faisait partie autrefois, avant la Révolution, du pays de Labourd dont Bayonne, *Lapurdum*, était la capitale. Cette petite ville appartient aujourd'hui au département de Basses-Pyrénées, canton de Saint-Jean-de-Luz, et de capitale Bayonne est devenue un simple chef-lieu d'arrondissement, une sous-préfecture, par les hasards d'une nouvelle division territoriale arbitraire qui n'a pas toujours contribué à la prospérité ni au prestige de certaines de nos villes de France.

A la fin du XVIIIe siècle, un propriétaire des environs de Ciboure, M. de Soubelette, découvrit sur son domaine un gisement de kaolin (1). Il voulut installer

(1) On lit dans les *Recherches historiques sur le pays basque*, par l'abbé P. HARISTOY, curé d'Ierissary (Basses-Pyrénées), Bayonne, 1883, 2 vol. in-8° : « Soubelette ou Zubeleta à Itsassou. La maison noble de ce nom est située sur une hauteur de la rive droite de la Nive. Il existait une autre maison noble de ce nom à la limite du territoire de Ciboure et d'Urrugne, bâtie postérieurement à la première et aujourd'hui en ruines ». C'est sur le second domaine que fut établie la porcelainerie dont nous nous occupons.

une porcelainerie, fit construire des fours et procéda à des essais de fabrication. Mais ses débuts ne furent pas heureux. Lui ou les ouvriers qu'il employa ignoraient les procédés très délicats de ce genre de fabrication et il se mit en rapports avec l'Intendant de Bordeaux, auquel ressortissait alors le pays de Labourd, pour qu'il obtînt du Ministre que la Manufacture de Sèvres lui fît connaître les causes de ses insuccès. Il y eut à ce sujet un échange de correspondance de 1779 à 1781 entre M. de Soubelette, l'Intendant de Bordeaux, Dupré de Saint-Maur et le ministre Bertin, dont les originaux ou les brouillons sont conservés dans l'ancien fonds de l'Intendance de Bordeaux (1). Cette correspondance est fort intéressante à plusieurs points de vue et nous croyons devoir la reproduire ici presque en entier.

Monsieur (2), j'aurois pu plustôt qu'aujourd'hui avoir l'honneur de vous faire part du résultat de notre première fournée de porcelaine, mais j'ai crû qu'il étoit de mon devoir d'attandre que nous eussions pris un parti ce concernant pour vous en instruire aussitôt.

Notre enfourneur fut obligé, après quinze heures de feu continu de le cesser, attendu que le mortier qui lioit les briques de dedans le four étant entré en fusion lui boucha l'intervalle des gazettes (3). On défourna le surlendemain avec la persuasion que la marchandise ne seroit point bien cuite, nous ne fumes pas peu confirmés dans cette idée voyant que presque toutes les gazettes s'étoient réunies. Quand on en ouvrit la première pile, on remarqua que le sable qu'on avoit mis sous les pièces de porcelaine ayant fondu les avoit collé avec les gazettes. Malgré toutes les

(1) Archives départementales de la Gironde, série C, liasse n. 1766.

(2) A l'Intendant de Bordeaux.

(3) Grands cylindres en terre réfractaire dans lesquels on enferme certaines pièces comme les assiettes et les plats pour les mettre au four. On dit généralement *gazette*, mais le mot propre est *cazette*. M. de Soubelette explique plus loin comment il fabrique des cazettes.

précautions qu'on avait prises, on n'a pû sauver que très peu de pièces ; elles sont toutes transparentes et la pâte en dedans est très blanche et d'un très beau grain. On a fait bouillir de l'eau dans un pot à lait qu'on a rempli dans le moment du bouillonnement d'eau froide, il ne s'est ni fendu ni cassé.

Après avoir préalablement éprouvé de l'argile au grand feu, on en fait les gazettes en y mêlant du ciment, des vieilles gazettes et beaucoup de qua...olin ; on se propose de remplacer le sable par une composition qui ne fond pas au grand feu de porcelaine. On n'épargne aucune précaution pour pouvoir réussir dans la cuissen de la seconde fournée ; on nous la fait espérer pour le quinze de janvier prochain au plus tard. J'aurai l'honneur de vous en écrire le résultat dans le temps.

Il ne m'a pas été possible de me procurer un dictionnaire basque et françois, il n'y en a point dans le pays de Labourt. On m'a dit qu'il seroit possible d'en avoir un en Espagne, je l'y ai déjà demandé. Veuillez être persuadé que je serai toujours flatté de pouvoir vous rendre quelque service.

Je suis avec respect, Monsieur, votre très humble et très obéissant serviteur.

[Signé] : De Soubelette fils.

Cibour, 23 novembre 1779.

A M. de Soubelette, fils à Cibourre.

A Bordeaux, le 30 novembre, 1779. — J'ai reçu Monsieur la lettre que vous m'avez fait l'honneur de m'écrire le 23 de ce mois au sujet des inconvéniens qu'on a éprouvés lors de la première fournée dont on a fait l'essai dans votre manufacture de porcelaine. J'en ai conféré avec le sieur Vilaris qui a dans ce genre des connoissances particulières (1). Il est d'avis que vous commenciez par faire calculer avec la dernière exactitude les dimensions de votre four et qu'après en avoir formé le plan vous fassiez en sorte d'y adopter et mouler les briques de manière qu'elles puissent y être enchassées pour ainsi dire à pierre sèche, et qu'une simple eau de lait, faite avec le kaolin, puisse suffire pour en former les

(1) On voit que dix ans après la découverte dont nous avons parlé dans notre paragraphe sur le kaolin de Dax, Vilaris jouissait encore à Bordeaux d'une certaine autorité en matière de céramique.

liaisons. Il ajoute que les gazettes doivent être faites avec le kaolin en n'y mêlant que le moins qu'il sera possible de terre glaise. Il faut que la terre glaise ne fermente point avec l'eau-forte. La blanche est ordinairement la meilleure et la plus réfractaire. Quant au sable dont vous serez obligé de faire usage, il faut qu'il soit pur et qu'il ne contienne point de spath fusible. Il observe enfin que la transparence de votre porcelaine peut provenir de ce qu'on y a mis dans la proportion trop de petuntzé. Si vous pouviez vous transporter à Limoges où il y a une fabrique de porcelaine qui réussit au mieux, vous y acquereriez par la seule inspection des connoissances que vous ne pouvez autrement vous procurer qu'après plusieurs essais peut-être infructueux. J'ai l'honneur d'être très parfaitement... (1).

A M. Bertin.

A Bordeaux, ce 30 novembre 1779. — Le sieur de Soubelette a trouvé dans son fonds situé au pays de Labour les deux espèces de terre qui sont nécessaires pour la porcelaine. Son intention est d'en établir une fabrique. Rien ne seroit plus utile que cet établissement sur la frontière d'Espagne, attendu qu'il n'y en a point de semblable dans ce Royaume avec lequel on ouvrira par ce moyen un nouveau genre de commerce, mais ce gentilhomme désire, Monsieur, de scavoir s'il est nécessaire qu'il obtienne à cet effet un arrêt du Conseil ou même des lettres patentes. Je vous prie de vouloir bien me le faire connoître.

Je vous observerai que le kaolin qu'on est dans le cas d'employer à cette fabrique est au moins aussi beau que celui de St-Yrieix et dans une telle abondance que le propriétaire en pourroit fournir à toute la France ; le peu d'éloignement de la rivière d'Adour en faciliteroit au besoin le transport.

Je suis avec respect...

Monsieur (2). Conformément à la lettre que vous m'avez fait l'honneur de m'écrire, j'ai fait remettre au courrier ordinaire de Bayonne pour Bordeaux, deux boëtes, une contenant du kaolin

(1) Cette lettre, comme celles qui vont suivre sans signature, est un brouillon du bureau de l'Intendance de Bordeaux.

(2) Les lettres sans suscription sont toutes adressées, sauf indication contraire, à l'Intendant de Bordeaux.

et l'autre du petunset. Les deux premières ont été extraites dans notre fonds de Soubelette situé en Labourt.

J'ai, Monsieur, à vous remercier très particulièrement de la bonté que vous avez eû d'écrire au ministre au sujet de notre essai de porcelaine ; on n'épargne aucune espèce de dépense pour pouvoir réussir ; dans toute la semaine prochaine on cuira au grand feu de porcelaine les gazettes dans la formation desquels il n'entre que la quantité nécessaire d'argile pour lier le ciment et le kaolin qui les composent. On prend ce parti pour s'assurer de leur entière retraite, nous n'espérons pouvoir faire la seconde fournée que pour le quinze janvier prochain au plutôt.

Je suis avec respect, Monsieur, votre très humble et très obéissant serviteur.

[Signé] : De Soubelette fils.

Ciboure, 15 décembre 1779.

Versailles, le 6 janvier 1780. J'ai reçu, Monsieur, la lettre que vous m'avez écrite au sujet de la découverte que le sieur de Soubelette a faite dans son terrein, d'un kaolin d'excellente qualité, et du projet qu'il a formé d'établir sur les lieux une manufacture de porcelaine qui auroit un débouché facile en Espagne. Vous pouvez, Monsieur, prévenir ce particulier qu'il n'a pas besoin d'arrêt ni de lettres patentes pour former cet établissement et que ce genre d'industrie est libre, en se conformant aux règlements et notamment à l'arrêt du Conseil du 15 février 1776, dont je vous envoye ci-joint un exemplaire. A l'égard du kaolin qu'il a découvert, je vous prie de m'en adresser une boëte d'une vingtaine de livres pour que j'en fasse examiner la qualité afin de m'assurer des avantages que l'on pourroit tirer de cette découverte.

Je vous invite, Monsieur, à procurer à l'établissement projeté par le sieur de Soubelette les facilités qui dépendront de vous et de lui accorder tout l'appui que paroit mériter une entreprise qui procure à votre Généralité un nouveau genre d'industrie et de commerce avec l'étranger.

Je suis, Monsieur, votre très humble et très obéissant serviteur.

[Signé] : Bertin.

M. l'Intendant de Bordeaux.

M. Bertin,

Bordeaux, ce 15 janvier 1780. — Monsieur, En conséquence de la lettre que vous m'avez fait l'honneur de m'écrire le 6 de ce mois, j'ai informé le sieur de Soubelette qu'il n'a besoin ni d'arrêt du Conseil ni de lettres patentes pour la fabrique de porcelaine qu'il est dans l'intention de former dans le pays de Labour où il y aura l'avantage d'un débouché prompt et facile pour l'Espagne, et je ne négligerais rien pour contribuer en ce qui dépend de moi, au succès d'un établissement qui peut devenir très utile à cette partie de ma Généralité. Vous désirez, Monsieur, un échantillon de la terre qu'il a découverte dans son fonds et qu'il destine à cet usage ; j'en fais remettre au carrosse public deux boëtes à votre addresse, l'une contient le kaolin et l'autre le petuntzé. J'ai lieu de croire que ces terres vous paroitront d'une qualité supérieure et je crois devoir vous rappeler qu'elles sont très abondantes dans ce lieu.

Je suis avec respect.

Bordeaux, ce 15 janvier 1780.

A M. de Soubelette fils, à Cibourre. — M. Bertin m'a marqué, Monsieur, par la lettre du 6 de ce mois, que vous n'avez besoin ni d'arrêt du Conseil, ni de lettres patentes pour l'établissement de votre fabrique de porcelaine et que ce genre d'industrie est libre à tous ceux qui veulent le faire valoir. Ce ministre témoigne en même temps un grand désir de voir réussir votre entreprise comme devant être très utile, attendu la facilité du débouché pour l'Espagne. Je lui fais passer les échantillons que vous m'aviez adressés du kaolin et du petuntzé, je ne doute pas qu'il n'en soit très satisfait.

J'ai l'honneur d'être avec un sincère attachement...

Monsieur. Vous avez sans doute trouvé que j'ai laissé écouler un temps considérable sans avoir l'honneur de vous informer du résultat de nos essais en porcelaine; l'espoir d'une réussite toujours prochaine a seul causé mon silence.

Il y a deux mois qu'on a cuit la seconde fournée ; les gazettes avaient résisté presque toutes au grand feu de porcelaine, elles ne furent ni fondues, ni collées les unes avec les autres. On sépara la marchandise des rondeaux sans accident, on n'abandonna le feu qu'après 27 heures, on brulla une corde et demie de bois. En défournant, on remarqua trois choses, que le corps de la pâte avoit de petites tâches noires, que la porcelaine n'étoit pas bien cuite, et que la couverte ne s'étoit pas bien étendue : l'enfourneur atribua ce triple accident au bois qui n'étoit pas assez sec.

Pour la troisième fournée on a renouvellé les gazettes qui manquoient, qu'on a composées de ciment des vieilles gazettes et de kaolin, n'employant que la quantité nécessaire d'argile pour lier ces deux matières. On a employé le moyen aussi pénible que dispendieux de faire sécher le bois dans le four de porcelaine en le faisant rougir d'avance ; on a même trié le kaolin et le petuntsé d'une pièce seulement, pour voir s'il seroit possible d'avoir un corps de pâte molle. Cette pièce s'est trouvée sans tâche ; le feu de cette dernière fournée a duré 20 heures, on a brûlé 6 cordes de bois ; il en a résulté beaucoup de braise, le feu a beaucoup plus monté que dans les deux fournees précédentes et nous a paru beaucoup plus fort. Malgré cela la porcelaine n'est pas plus cuite, elle a autant de tâches qu'avant, la couverte est tout aussi peu étendue et une grande quantité des gazettes a cassé, ce qui a procure un domage considérable, presque rebuté pour un dernier effort. On va faire trier tout le kaolin et tout le petunset de la couverte ; dans le temps j'aurai l'honneur de vous en écrire.

J'ai remis, Monsieur, à votre adresse, au courrier ordinaire de Bayonne, un porte huilier et une téijère ; le porte huilier, pièce qu'on vous destinait, est la seule dont la pâte a été triée, elle avait éte enfournée avec le plus grand soint, mais elle a gauchi et n'est pas cuite ainsi que la téijère ; elles ne méritent pas de vous être offertes. Je ne vous les envoie que (pour) vous mettre en même de pouvoir comparer la pâte triée d'avec celle qui ne l'a pas été.

Je suis avec respect, Monsieur, votre très humble et très obéissant serviteur. — [Signé : DE SOUBELETTE *fils*. Ciboure, 18 mars 1780.

Paris, ce 5 avril 1780. (1)

M. Bertin, Ministre,

Monsieur, Le sieur de Soubelette n'a pas été heureux dans les trois essais qu'il a faits pour la fabrication de la porcelaine à Ciboure en Labour. Quelques inconvénients n'ont pas permis de

(1) L'Intendant de Bordeaux, qui a rédigé le brouillon de cette lettre, était en ce moment en déplacement à Paris.

conduire le premier à son terme, à l'égard des deux derniers, vous verrez par la copie que j'ai l'honneur de vous envoïer et la lettre que ce gentilhomme m'a écrite, que quoique les matières aient été exposées à un feu violent et continu de 27 heures dans l'une de ces expériences et de 20 heures dans l'autre : on n'a pu néanmoins obtenir de la porcelaine bien cuite. La couverte ne s'est pas d'ailleurs suffisamment étendue et s'il s'est trouvé dans le corps de la pâte des petites tâches noires; il ne faut pas chercher dans la nature du kaolin et du petuntzé le principe de de ces imperfections, puisqu'il est vrai qu'ils sont supérieurs à ceux qui ont paru jusqu'ici et que cela est constaté suivant ce que vous m'avez fait l'honneur de me dire, par l'épreuve à laquelle ils ont été soumis par vos ordres à la Manufacture de Sèvres, elles ne peuvent donc avoir d'autre cause que quelque vice qui se sera glissé soit dans la formation des gazettes ou dans la construction du four qui n'a peut-être pas dans ses proportions toute l'exactitude nécessaire, soit dans les autres procédés que l'on a emploiés pour traiter ces matières, d'autant que les ouvriers qui ont opéré peuvent n'avoir pas toute la capacité et l'expérience requises. Comme il est question ici d'introduire dans un canton de ma Généralité une nouvelle branche de commerce très intéressante dont vous avez déjà reconnu l'avantage, je vous prierai, Monsieur, de donner des ordres pour vous faire remettre un mémoire explicatif et fidèle des divers details que comprend la méthode qui se pratique à la Manufacture de Sèvres. Je le communiquerai, si vous voulez bien me l'adresser, au sieur de Soubelette afin qu'il puisse en faire usage dans les nouveaux essais qu'il sera dans le cas de faire. Il n'est pas possible de douter qu'avec ce secours il ne parvienne à se procurer de très belle porcelaine.

Je suis avec respect.... .

Paris, 5 avril 1780.

M. de Soubelette fils, à Ciboure. — Je vois avec peine, Monsieur, par votre lettre du 18 du mois dernier, le peu de succès des deux dernières expériences que vous avez faites dans votre fabrique de porcelaine. Il ne faut sans doute en attribuer la cause qu'à quelque défaut dans les procédés qu'ont emploiés vos ouvriers pour traiter les matières, car il n'est pas possible d'en suspecter la qualité. M. Bertin à qui j'en avais fait passer les échantillons qu'il a communiqués au directeur de la manufacture de Sèvre m'a dit dernièrement qu'on en conçoit les plus belles espérances. Je viens de lui demander tout à l'heure par lettre dont je fais joindre ici copie un mémoire détaillé sur la méthode qui se pratique dans cette fabrique. Je vous le communiquerai dès que je l'aurai reçu pour que vous puissiez en tirer l'avantage qu'il pourra présenter ; ainsi je crois que vous ferez bien de suspendre jusque là le nouvel essai que vous vous proposez de faire.

J'ai l'honneur d'être très sincèrement....

Versailles, 19 avril 1780.

J'ai fait examiner, Monsieur, à la Manufacture du Roi les échantillons de kaolin provenant des fonds du sieur de Soubelette que vous m'avez adressés. Ils ont été trouvés d'excellente qualité, Il est seulement question de savoir... 1° Si les échantillons n'étoient pas de triage et si le kaolin trouvé sur le lieu est en général confofme aux échantillons qu'on a envoyés.

2° Si le terrain peut fournir une quantité de kaolin, trié et lavé, assez grande pour en faire un objet de commerce.

3° Si, rendu à Paris, il coûtera tout au plus le même prix que celui de Saint-Yrieix, qui y revient à deux ou trois sols la livre tout lavé. Ce qui est très essentiel à observer.

Je vous prie Monsieur, de vous faire assurer de ces faits; alors on verra à faciliter la vente de kaolin, tant à la manufacture du Roi qu'aux autres manufactures à qui cette matière est nécessaire.

A l'égard des éclaircissements que vous me demandez par votre lettre du cinq de ce mois pour aider le sieur de Soubelette dans la fabrication de la porcelaine, des procédés employés à la manufacture du Roi, sitôt que le Directeur de cette manufacture à qui je les ai demandés, me les aura remis, je vous les enverrai.

Je suis, Monsieur, votre très humble et très obéissant serviteur.

[Signé] : Bertin.

A M. l'Intendant de Bordeaux.

A Bordeaux, ce 29 avril 1780.

A M. Chegarray (1). J'ai l'honneur, Monsieur de vous envoyer copie d'une lettre adressée à M. l'Intendant par M. Bertin, Minis-

(1) Le subdélégué du pays de Labourd et de Saint-Jean-de-Luz en résidence à Bayonne.

tre et Secrétaire d'Etat, concernant la qualité des terres dont M. de Soubelette fils a fait la découverte dans son fonds et qui sont propres à la fabrication de la porcelaine. Vous voudrez bien lui donner communication de cette lettre et vous concerter avec lui pour fournir à M. l'Intendant les éclaircissements que le ministre désire.

J'ai l'honneur d'être avec respect....

Monsieur, j'ai reçu la léttre que vous m'avez faite l'honneur de m'écrire le 5 avril dernier dans laquelle est incluse copie de la lettre que vous avez bien voulu écrire à M. de Bertin au sujet de notre fabrique de porcelaine.

Quoiqu'on n'ait rien négligé pour avoir au plus tôt le résultat d'une quatrième tentative, nous n'avons pu défourner que le neuf de ce mois. Nos ouvriers ayant demandé d'une terre blanche qui se trouve près la ville de Dax pour composer en partie les gazettes, mon père eut égard à leur prière; il en fit venir, quoiqu'elle lui coutât très cher. Les gazettes qu'on a faites ont assez bien résisté au grand feu de porcelaine qui a daré dix huit heures; on a brulé six cordes de bois, les gazettes du bas du four ayant fléchi, les sillès (1) ont penché les unes sur les autres; sur neuf cent pièces qu'on avait enfournées, il s'en est trouvé environ deux cent de gauchies. Mais le principal accident de cette fournée est une boursouflure dans beaucoup des pièces.

Nous avons fait choisir, Monsieur, avec le plus grand soin une écuelle et une tasse parmi les plus belles pièces, elles sont faites avec de la pâte dont le kaolin et le petunset ont été triés à la main. Il y avoit aussi quelques assietes dont le kaolin avoit été lavé. Nous avons remarqué que les pièces dont le kaolin étoit trié ou lavé n'avoint point de tâches. Pour que vous puissiez voir ce qu'on a fait de mieux encore dans notre fabrique, je doute qu'il y ait dans toute la fournée quarante pièces de la beauté des pièces qu'on a remises à votre adresse au courrier ordinaire de Bayonne à Bordeaux.

Comme il nous reste encore assez de marchandises pour deux fournées nous nous proposons de faire cuire de suite. J'aurai l'honneur de vous en apprendre les suites.

(1) Pour *sillets*, petites traverses.

Si l'enfourneur manque encore ces deux prochaines fournées, mon père est décidé à tout surseoir. J'ignore, Monsieur, si un porte-huiler et une téijère de la troisième fournée vous sont parvenus.

Veuillez agréer mes remerciements de la bonté que vous avez eu de faire éprouver notre kaolin et notre petunset à Sèvres.

Je suis avec respect, Monsieur, votre très humble et très obéissant serviteur,

[Signé] : De Soubelette, fils.

Ciboure, 13 juin, 1780.

La petite boëte dont M. de Soubelette annonce l'envoi est arrivée on a du devoir la garder sans l'ouvrir pour la remettre à M. l'Intendant à son retour.

(Autre écriture) :

Je répondrai plus en connaissance de cause lorsque j'aurai vu l'envoi que M. de Soubelette m'annonce. Il paroit par sa lettre qu'il y en auroit en un précédent dont je n'avois pas à ce qu'il me semble entendu parler.

M. Bertin et Messieurs de la Manufacture de Sèvres m'ont dit qu'ils n'avoient point vu d'aussi beau kaolin que celui dont je leur ai fait passer un échantillon. L'on comptoit bientôt mettre au four quelques pièces faites avec cette terre et l'on m'a promis de m'instruire de ce qui en arriveroit.

Ce 24 juin 1780 (1).

A Bordeaux, ce 11 juillet 1780.

A M. de Montigny, de l'Académie des Sciences (2), Paris.

Permettez-moi de vous rappeler les essais qui devoient être faits à Sèvres de la terre du pays de Labour que j'avois adressée à M. Bertin et dont vous aviez conçu les meilleures espérances. Il est bien intéressant pour le gentilhomme qui a découvert cette terre dans son fonds, que je puisse lui marquer quel a été le résultat des expériences que je lui ai annoncées et vous me feriez

(1) Ces deux brouillons sont sans adresse, mais ils étaient destinés à Paris. Le premier est de la main de quelque secrétaire de l'Intendant de Bordeaux et le second de la main de l'Intendant Dupré de Saint-Maur lui-même.

(2) E. Migniol de Montigny était attaché au laboratoire de chimie de la Manufacture de Sèvres.

grand plaisir de me mettre à portée de lui faire connoitre avec quelque détail sur quoi il pourra compter à cet égard.

J'ai l'honneur d'être avec un respectable.....

Bordeaux, 11 juillet 1780.

A M. de Soubelette fils, à Ciboúrre. — Je n'ai pu voir, M., qu'à mon retour, les quatres pièces de porcelaine que vous avez bien voulu m'envoyer, elles m'ont confirmé dans l'opinion que le ministre avoit lui-même conçue de votre terre en m'assurant que cette matière avoit paru d'une qualité supérieure, mais vous auriez dû attendre le résultat des essais qu'on en fait à la Manufacture de Sèvres. Je crains que vos ouvriers n'ayent pas observé les procédés nécessaires, en effet, ces quatre pièces sont trop vitrifiées et n'ont pas la netteté et le poli dont elles étoient susceptibles. J'ai surtout beaucoup de regrets de voir qu'ils en ayent chargé une de dessus qui ont dû leur coûter du travail et augmenter la difficulté du succès. Le moins de dépense que vous pourrez y mettre dans le commencement c'est le mieux, il n'est question que de trouver le point de mélange et de cuisson, ensuite, après avoir réussi pour des ouvrages de peu de conséquence, vous pourrez entreprendre avec sûreté les objets d'une plus grande importance. J'écris par ce courrier à Paris pour recevoir des nouvelles de l'expérience qu'on avoit commencée sur les échantillons de terre que vous m'aviez envoyés et je ne manquerai pas de vous en faire part aussitôt qu'elles me seront parvenues.

J'ai l'honneur d'être avec un parfait...

Monsieur, j'ai appris que vous partez samedy pour Paris, je crois devoir vous faire part de ce qui s'est passé dans notre fabrique de porcelaine depuis que M. Valsambert a bien voulu vous en parler. Nous avons cuit deux fois ces porcelaines; les gazettes qui avoient résisté ont cassé sans qu'on ait brûlé plus de bois que dans la précédente fournée, de neuf cent pièces on en sortit d'entières quatre cent, le reste étoit comme en morceaux avec les morceaux des gazettes.

Dans la dernière fournée nous avons eu s'il est possible moins de succès : de mille cinquante pièces, cent cinquante ont été mises en pièces en les défournant, et quoiqu'on ait tâché d'amaigrir la terre des gazettes autant qu'il a été possible, les deux tiers des gazettes ne peuvent plus servir. Je doute que sur neuf cents pièces qu'on a emmagasinées, qu'il y ait douze belles pièces, dans le nombre des dernières se trouvaient trois cafetières très bien réussies.

Il reste à mon père pour environ une fournée de marchandises à cuire, il a un tonneau rempli de pâte. Il a voulu faire peindre quelques pièces par un peintre qui lui a été envoyé de Pontens (1), on n'a pas été content de ses couleurs.

Voilà, Monsieur, où nous en sommes après plus d'un an de dépense. Quelle obligation ne ne vous aurois-je pas si vous aviez la bonté de nous tracer la conduite que nous avons à suivre dans des circonstances aussi dispendieuses que rebutantes. Il seroit fâcheux de devoir abandonner un établissement naissant dans un pays où les ressources diminuent chaque jour.

Je suis avec respect, Monsieur, votre très humble et très obéissant serviteur,

[Signé] : De Soubelette fils.

Bordeaux, ce 11 novembre 1780.

M. Necker. — Monsieur, j'avais informé M. Bertin par mes lettres du 15 janvier et du 15 avril dernier de la découverte que le sieur de Soubelette, gentilhomme du pays de Labour avoit faite dans son fonds d'une quantité si considérable de kaolin et de petuntzé qu'elle pourroit servir à alimenter toutes les fabriques de porcelaine du Royaume. En même temps j'avois fait remettre à son adresse deux boëtes de ces matières en lui rendant compte des mesures que le sieur Soubelette prenoit pour former lui-même à ses frais une manufacture ; mais ces mesures me paraissent imparfaites, c'est pourquoi je priois ce ministre de vouloir bien me procurer une instruction qui peut servir à assurer le succès d'une entreprise si utile pour le pays de Labour. M. Bertin me fit l'honneur de me marquer le 19 du même mois d'avril qu'il avoit fait examiner à la Manufacture du Roi les échantillons de kaolin et qu'ils avoient été trouvés d'excellente qualité, et quant à l'instruction que je désirois, qu'il l'avoit demandée au directeur de cette manufacture et qu'il me l'enverroit aussitôt qu'il l'auroit reçue. Comme elle ne m'est pas encore parvenue, je crois devoir vous

(1) Voir le paragraphe suivant sur la porcelainerie de Pontenx.

prier, Monsieur, de vouloir bien la faire demander de nouveau. C'est véritablement intéressant d'éclairer et d'encourager le sieur de Soubelette. Sa fabrique naissante pourroit former dans la suite une branche d'industrie et de commerce d'autant plus importante, que le voisinage d'Espagne offre un débouché très facile et très auantageux de tous les ouvrages qu'on pourra y fabriquer avec quelque degré de perfection. Des essais ont été jusqu'à présent fort défectueux, et il est à craindre que le zèle de ce gentilhomme ne se ralentisse au point de tout abandonner, faute de pouvoir plus longtemps faire des dépenses considérables sans en retirer pour ainsi dire aucun fruit; ces considérations m'ont engagé à vous prier de me mettre à portée de lui faire connaître les meilleurs procédés qu'il doit suivre pour réussir.

Je suis avec respect.

Paris, 18 novembre 1780.

J'ai reçu, Monsieur, la lettre que vous m'avez fait l'honneur de m'écrire le 11 de ce mois, au sujet d'une Manufacture de porcelaine que le sieur de la Soubelette, gentilhomme du Païs de Labourt, a établie dans ses terres, et pour la conduite de laquelle M. Bertin vous a annoncé une instruction rédigée par le Directeur de la Manufacture de Sèvres. L'administration de cette Manufacture a été réunie au département de M. le Comte d'Angevilles, et c'est à lui que vous devez vous adresser pour cet objet.

J'ai l'honneur d'être avec un très parfait attachement, Monsieur, votre très humble et très obéissant serviteur,

[Signé] : NECKER.

A M. Dupré de St Maur, Intendant à Bordeaux.

A Versailles, ce 20 décembre 1780.

Je n'ai différé, Monsieur, de répondre à la lettre que vous m'avez fait l'honneur de m'écrire le 11 novembre au sujet de la découverte qu'à faite dans ses terres le sieur de Soubelette, gentilhomme du pays de Labour, d'une quantité de kaolin et de petunzé suffisante, dit-il, pour approvisionner toutes les fabriques de porcelaine du Royaume, que parce que je désirerois être plus particulièrement instruit de l'utilité dont cette découverte pourroit être à la Manufacture de porcelaine de France. Il n'est pas douteux que cette espèce de terre et de pierre connue sous le nom de kaolin et de petunzé, constitue une des matières premières de la fabrication de la véritable porcelaine dure.

Je suis informé aussi qu'après plusieurs recherches pour s'en procurer dans l'intérieur du Royaume, on y est enfin parvenu; les essais et les expériences qui s'en sont suivis ayant eu le succès désiré. Sa Majesté s'est déterminée à faire acquisition pour son compte dans le Limousin, d'un terrain qui en fournit abondamment pour les travaux de sa Manufacture.

A l'égard de la qualité de ce kaolin et pétuntzé, proposés par le sieur de Soubelette, je ne puis qu'en référer à ce qui a été mandé par M. Bertin, sur les résultats des essais qu'il avoit fait faire. Mais pour ce qui le concerne les instructions demandées ultérieurement, je ne suis pas surpris du silence de ce Ministre, il n'auroit pu répondre d'une manière satisfaisante sans compromettre les secrets de la fabrication de la porcelaine de France et à son détriment, ce qui ne peut se faire dans aucun cas sous quelques considérations et spéculations que ce puisse être.

Si le sieur de Soubelette avoit sa manufacture montée et en activité d'après des procédés certains et invariables il n'en aideroit sûrement pas d'autres entrepreneurs qui seroient dans l'intention d'en élever de pareilles à la sienne. Il ne le feroit même probablement pas pour la Manufacture du Roi sans rétribution ou indemnité quelconque,

Cette dernière, d'ailleurs, a un privilège exclusif pour les décorations, richesses et peintures en or de la porcelaine, les autres sont limitées dans leur fabrication. Depuis quelques années cependant elles sont sorties de leurs limites, c'est pourquoi le gouvernement s'occupe dans ce moment-ci de nouveaux arrangements convenables aux circonstances, et, à mon égard, en pareille position, le moment n'en seroit pas favorable pour me prêter à des établissements de nouvelles Manufactures de porcelaines que je ne puis envisager que comme ruineux pour tous propriétaires, entrepreneurs ou intéressés.

Comme cependant, Monsieur, rien n'est à négliger pour la progression d'une branche de commerce que Sa Majesté a eu en vue lors de l'établissement de la Manufacture de ses porcelaines, et comme je désire d'ailleurs opérer d'après ses vues dans la Régie et Administration qui m'en est confiée, j'ai cru sur votre observation appercevoir qu'il pourroit être intéressant, vu les facilités pour les communications de la ville de Bordeaux avec l'Espagne, d'y établir un dépôt de porcelaines de la fabrication de celle de France, qui en faciliteroit l'exportation dans cette cour étrangère. Si, après avoir examiné plus particulièrement ce que l'on en doit espérer, vous y trouviés effectivement un avantage réel pour les débouchés et pour augmenter d'autant plus cette branche de commerce, je vous serais sensiblement obligé de concourir avec moi pour établir ce dépôt avec solidité et œconomie.

J'ai l'honneur d'être avec un très sincère attachement, Monsieur, votre très humble et très obéissant serviteur. [Signé] : D'ANGEVILLES.

A M. Dupré de Saint-Maur.

A Bordeaux, ce 23 janvier 1781 »

M. Dangevilles, Directeur des bâtiments du Roy, à Paris.

J'ai reçu, M..., la lettre que vous m'avez fait l'honneur de m'écrire le 20 du mois dernier au sujet des matières de kaolin et de petuntzé dont le sieur de Soubelette, gentilhomme du pays de Labour a fait la découverte dans ses terres et qui lui ont inspiré le projet d'y établir une manufacture de porcelaine, J'aurois principalement désiré, M..., de connoitre avec un détail suffisant le résultat de l'essai qui a été fait à la Manufacture Royale sur des échantillons que j'avois adressés à M. Bertin ; cette connoissance auroit réglé le degré de confiance que le sieur de Soubelette peut donner à son entreprise. Il est certain que si elle réussissoit, cela feroit naître une branche de commerce avec l'Espagne en se bornant aux ouvrages communs qui sont à la portée de la multitude des consommateurs, autrement les ouvrages précieux tels que ceux de la Manufacture Royale ne trouveroient pour ainsi dire point d'acheteurs, et c'est la raison pour laquelle je crois qu'il seroit inutile et même dispendieux d'en former un magasin à Bordeaux.

J'ai l'honneur d'être avec un respectable...

Versailles, 18 février 1781.

Quoique j'aye eû, Monsieur, par ma dernière lettre, l'honneur de vous marquer que je ne croyois pas pouvoir, sans préjudice pour les intérêts de la Manufacture de porcelaine de France, donner les instructions demandées par M. de Soubelette, je ne me crois point tenu à la même réserve relativement aux essays de la terre qu'il a découverte et qui fut envoyée à M. Bertin, au commencement de 1780. Par les renseignements que j'ai pris sur cet objet, je crois qu'il en fut fait des essays qui furent envoyés à M. le Ministre avec une note d'observation qui marquoit l'avantage qu'on pouvoit retirer d'une pareille terre, et en même temps le doute où l'on étoit qu'on pût en trouver d'absolument pareille en grande quantité dans la minière. Elle paroissoit avoir été triée et choisie exprès. Je suis étonné que ces essays et ces observations ne vous soyent pas parvenus par l'entremise de M. Bertin. Au reste, comme le Directeur de la Manufacture de Sèvres s'est trouvé avoir encore de cette terre en quelque quantité, il est occupé en ce moment à en faire faire une tasse et une soucoupe qu'il me remettra avec ses observations, que je me ferai un plaisir de vous adresser.

J'ai l'honneur d'être très respectueusement et très véritablement, Monsieur, votre très humble et très obéissant serviteur.

[Signé] : D'Angevilles.

A M. Dupré de St-Maur.

A Bordeaux, ce 1er mars 1781.

A M. de Soubelette fils, à Ciboure.

J'ai reçu Monsieur, en dernier lieu une lettre par laquelle M. Dangivillers, Directeur général des bâtiments du Roi, me marque qu'on doit lui remettre incessament un nouvel essai des échantillons de vos terres que j'avais fait passer à M. Bertin et qu'il me communiquera les observations que le Directeur de la Manufacture de Sèvres doit lui soumettre à ce sujet, mais on désire de sçavoir si on en trouveroit dans la minière une grande quantité qui fût absolument semblable à celle de ces échantillons qui ont paru triés et choisis avec soin. Je vous prie de me donner à cet égard des éclaircissements précis, ainsi que sur le prix auquel ces terres choisies et lavées pourroient être vendues à Paris. Celles de Saint-Yrieix employées à la manufacture du Roy n'y reviennent qu'à deux ou trois sols la livre. Je ne laisse pas de penser qu'il vous seroit plus avantageux de les mettre en œuvre sur les lieux en prenant les précautions nécessaires pour le succès.

J'ai l'honneur d'être avec un parfait att... »

Nous croyons qu'il eût été dommage de tronquer cette correspondance ou de n'en donner qu'une analyse. Les documents de ce genre sont excessivement rares, on n'en trouve que très peu dans nos archives publiques, même aux Archives nationales ou aux archives de la Haute-Vienne à Limoges. Les porcelainiers du XVIIIe siècle entouraient leur fabrication du plus grand mystère, ils avaient tous des secrets de métier et on vient de voir que la Manufacture de Sèvres ne communiquait à personne ses procédés. La plupart des papiers de nos porcelainiers ont été sans doute détruits, dans tous les cas ils n'ont pas été versés dans les dépôts publics (1).

C'est donc pour nous et pour nos lecteurs une bonne fortune d'avoir mis la main sur cette correspondance relative à la fabrique de Ciboure. Nous nous étonnons même qu'elle n'ait pas été publiée ou signalée plutôt, les écrivains céramistes en eussent certainement fait leur profit. Il est vrai qu'il n'est pas toujours facile de savoir ce que contiennent nos archives publiques. Beaucoup de fonds ne sont ni inventoriés ni même classés et, quant aux Inventaires sommaires publiés de certaines séries, ils ont été souvent dressés et rédigés d'une manière arbitraire et parfois même fantaisiste. Le rédacteur de ces inventaires a donné plus ou moins d'étendue à l'analyse de certains cartons ou de certains portefeuilles, selon que le sujet l'intéressait plus ou moins. Ainsi, les vingt-quatre lettres que nous venons de publier et qui se trouvent dans le carton n° 1766 de la série C des archives départementales de la Gironde, ne sont même pas signalées dans l'Inven-

(1) Ainsi, pour une porcelainerie qui a existé à Bordeaux sous Louis XVI et sur laquelle nous faisons en ce moment des recherches, nous n'avons rien trouvé, ni aux Archives nationales, ni aux Archives de la Gironde.

taire sommaire de cette série (1). C'est par hasard et en cherchant tout autre chose que nous les avons rencontrées. L'archiviste qui a inventorié ce carton ne s'intéressait pas tout simplement aux choses de la céramique. D'autres fois l'archiviste, selon ses opinions politiques et religieuses, mangera un peu de moine et de curé quand il en trouvera sous sa dent, mais aura bien soin de passer sous silence tout ce qu'il pourrait y avoir de fâcheux pour les protestants ou les israélites. Tous ces inventaires de nos archives publiques ne sont pas rédigés sur un programme uniforme et après un demi-siècle de travail et de dépenses et la publication de plusieurs centaines de gros volumes in-quarto à deux colonnes qui rendent, tels qu'ils sont, de très grands services, on vient de s'apercevoir, paraît-il, en haut lieu qu'on avait fait fausse route.

Cette correspondance relative à la porcelainerie du pays de Labourd a une valeur documentaire à plusieurs points de vue. D'abord elle nous fait connaître d'une manière certaine un gisement important de kaolin de première qualité qui aurait été découvert vers 1779 aux environs de Ciboure sur le domaine de M. Soubelette. Si les essais de fabrication de ce gentilhomme n'ont pas réussi et si la porcelainerie qu'il avait construite a été démolie à la suite de ces insuccès, le gisement de kaolin, qui est le sol, n'a pu disparaître comme les constructions de la fabrique et alors on se demande ce qu'il est devenu. Or, il n'en reste aucune trace et les recherches que nous avons fait faire n'ont amené

(2) *Inventaire sommaire des Archives départementales antérieures à 1790. Gironde. Archives civiles, série C (n. 1 à 3152).* Paris, 1877. in-4°, à deux colonnes de 480 pages. Le second volume de cette série, ainsi que le troisième comprenant l'inventaire des fonds de la Chambre de commerce, n'ont paru qu'en 1893.

aucun résultat (1). Etait-ce bien dans son propre fonds c'est-à-dire dans son domaine de Soubelette à Ciboure que ce gentilhomme avait découvert cette carrière de kaolin ? Ne serait-ce pas plutôt ailleurs dans la région, à Louhossoa par exemple où la Manufacture de Sèvres s'est longtemps approvisionnée, ou à Espelette dont le gisement de kaolin était encore exploité à la fin du XIXe siècle par MM. Vieillard frères, les grands faïenciers bordelais ? Ce n'est que sur les lieux qu'on pourrait se livrer à une enquête sérieuse à ce sujet. Mais il peut se faire que M. de Soubelette ait tenu à dissimuler l'endroit exact où se trouvait ce gisement pour plusieurs raisons et surtout pour que l'Etat ne s'en emparât pas sous prétexte d'intérêt public. On a vu, en effet, par les lettres adressées à l'Intendant de Bordeaux par le Ministre Bertin, que les fonctionnaires de Sèvres s'intéressaient fort peu à la fabrication de porcelaine de M. Soubelette; ce qu'ils voulaient savoir avant tout c'est si le gisement de kaolin était abondondant et si cette argile était de bonne qualité, afin de pouvoir en faire l'acquisition dans de bonnes conditions. On a déjà vu comment, dans une circonstance pareille, ces fonctionnaires en avaient agi avec Vilaris, le pharmacien bordelais, au sujet du kaolin de Saint-Yrieix en Limousin, qu'ils eurent pour une bouchée de pain.

De plus, ces lettres nous montrent M. de Soubelette aux prises avec toutes les difficultés de la fabrication

(1) C'est M. Henri Petit de Meurville, un érudit habitant Ciboure, qui a bien voulu faire ces recherches pour nous et il nous a fait savoir qu'il n'avait rien trouvé, pas plus sur le domaine de Soubelette que sur son gisement de kaolin et sa fabrique de porcelaine. Mais il a appris qu'un Soubelette était maire de Ciboure en 1790, que des essais de fabrication de faïence avaient été faits en 1789, à Espelette, par un M. de Chateauneuf et et enfin qu'il y a une carrière de kaolin à Itxaxu. Nous remercions de nouveau M. Petit de Meurville de son extrême obligeance.

de la porcelaine et nous initient à certains procédés propres à cette industrie très spéciale dont il ne connaissait pas très bien l'application. Les gazettes ou cylindres en terre réfractaire dans lesquelles on enferme certaines pièces, comme les assiettes et les plats, et qui jouent un si grand rôle dans la cuisson des produits céramiques, étaient de mauvaise qualité et fondaient au four. Nous savons encore par sa correspondance combien de temps duraient ces fournées et quelle quantité de bois on y brûlait.

Mais ce qu'il y a peut être de plus intéressant dans cette série de documents, c'est l'attitude de la Manufacture de Sèvres qui nous montre bien tout ce qu'a de néfaste le monopole d'Etat. Les fonctionnaires de cette manufacture savaient bien les causes des insuccès de M. de Soubelette et avec un seul mot, peut-être, ils auraient pu l'aider et favoriser l'installation d'une industrie qui dans ce pays surtout, aux portes de l'Espagne, eût eu toutes chances de prospérité. Mais la Manufacture de Sèvres craignait toute concurrence, elle ne livrait pas ses secrets, elle ne les livre pas encore, aussi reste-t-elle en dehors de tout progrès et ses produits n'occupent plus le premier rang dans les Expositions.

M. de Soubelette dut renoncer à créer une porcelainerie à Ciboure, ses insuccès le découragèrent. Les quelques pièces présentables qui sont sorties en très petit nombre de ses fours n'ont pas été conservées et c'est pour cela que les produits de cette fabrique éphémère sont absolument inconnus.

§ 3. — PORCELAINERIE DE PONTENX (1779-1788)

Pontenx, qu'on écrivait autrefois Pontens et qui porte aujourd'hui le nom officiel de Pontenx-les-Forges, était, avant la Révolution, une paroisse du Pays-de-Born, dans les Grandes Landes, c'est de nos jours une commune de 1,980 habitants faisant partie du département des Landes, canton de Mimizan, arrondissement de Mont-de-Marsan, traversée par la ligne du chemin de fer de Labouheyre à Mimizan et par le ruisseau le Canteloup qui va se jeter non loin de là dans l'étang d'Aureilhan, un de ces nombreux étangs qu'on rencontre le long des côtes du golfe de Gascogne entre Arcachon et Bayonne.

Dans ce coin des Landes que bien peu d'étrangers visitaient, mais qui devient plus fréquenté depuis qu'on a établi une ligne de chemin de fer et qu'on a créé une station balnéaire à Mimizan, on trouve aujourd'hui une distillerie d'essence de térébenthine, des fabriques de noir de fumée, de poterie, d'ustensiles de ménage en fer et enfin des hauts-fourneaux. Au XVIIIe siècle déjà, Pontenx était un centre industriel de quelque importance, les seigneurs du lieu non seulement avaient essayé d'assainir le pays par des travaux de dessèchement et d'irrigation, mais ils avaient construit quelques habitations, ils y avaient établi des forges et enfin une porcelainerie, et on verra que dans le mémoire qu'ils adressent au ministre et que nous publions plus loin, ils font ressortir les avantages qu'on peut et qu'on doit retirer des Landes de Gascogne.

Le premier document qui nous fait connaître l'existence de la manufacture de porcelaine de Pontenx est une pièce d'archive datée de septembre 1780. Cette pièce est un brouillon de lettre adressée par l'Intendant de Bordeaux à un négociant de cette ville :

A M. Bussié, négociant à Bordeaux, rue Saint-François.

A Bordeaux, ce 4 septembre 1780. — M. l'Intendant m'a chargé, Monsieur, de vous faire part d'une plainte qui lui a été portée par le sieur Rincarnagne (*sic*), directeur de la manufacture de porcelaine à Pontens, de ce que vous ne remplissez pas les clauses de la police qu'il a passée le 25 novembre dernier et de ce que plusieurs ouvriers, faute de recevoir leurs appointements, ne peuvent continuer leur travail. Vous êtes prié de vous concilier à ce sujet avec ce directeur, et en tous cas de faire à M. l'Intendant votre réponse sur l'objet de cette plainte afin que je puisse y statuer. J'ai, Monsieur, l'honneur d'être le vôtre parfaitement (1)....

Cette lettre nous apprend que cette manufacture fonctionnait non seulement à l'époque où elle est datée, c'est-à-dire en 1780, mais même auparavant, puisque il est question d'un contrat passé au mois de novembre précédent, c'est-à-dire en 1779, entre le directeur de la fabrique et un négociant bordelais. D'ailleurs, c'est bien vers cette époque, à partir de 1775, que des porcelaineries s'installèrent en province, comme à Bordeaux, à Ciboure, ainsi que nous venons de le voir, alors que les procédés de fabrication commençaient à être connus et que le kaolin venant du Limousin ou d'ailleurs était répandu un peu partout. De plus, la lettre nous donne sinon le nom du propriétaire, du moins celui du directeur; mais, comme on va le voir, ce nom a dû être complètement défiguré par les scribes des bureaux de l'Intendance de Bordeaux.

Le second document relatif à la porcelainerie de

(1) Archives départementales de la Gironde, série C, liasse n° 1766.

Ponteux est le texte de l'enregistrement d'un acte de notaire que nous avons relevé sur un registre de contrôle des actes de notaire ou sous-seings privés aux Archives départementales de la Gironde (1).

Du 11 juin 1781. — Cession par le sieur Jean Zinkernagel, fabriquant de porcelaine, habitant au lieu de Pontex (*sic*) près la ville de Dax, à sieur Elie Vallète, de la ville de Saint-Yrieix, représenté par un procureur constitué, de la portion qui lui appartient dans les porcelaines pour l'intérêt qu'il avait dans leur manufacture moyennant 1,150 livres 10 sols, somme pareille qu'il doit au sieur Vallette. (Acte de Collignan, notaire).

Nous n'avons pu voir l'acte authentique conservé chez un notaire qui n'a pas encore versé ses anciennes minutes, mais ce texte d'enregistrement nous fait connaître d'abord le véritable nom peut-être du directeur de la fabrique, car Zinkernagel, ou plutôt Zingernagel est un nom allemand et est plus vraisemblable que celui donné par la lettre de l'Intendant, Rincarnague, qui n'appartient à aucune langue connue. Et d'ailleurs dans ce nom un peu barbare de Rincarnague, on retrouve bien, en cherchant un peu, celui de Zingernagel. En effet, en remplaçant l'R par le Z, on a déjà Zincarnague et en suivant la prononciation allemande avec son accentuation, c'est-à-dire Kernà-gue'l, on arrive bien à écrire Zincarnague, comme l'ont fait les rédacteurs des bureaux de l'Intendance. Il ne faut pas s'étonner de rencontrer un Allemand à la tête de cette fabrique des Landes: l'industrie porcelainière était connue en Allemagne depuis plus de cinquante ans et beaucoup d'ouvriers de ce pays étaient venus s'établir en France pour y utiliser leurs connaissances dans ce genre d'industrie.

(2) Archives de la Gironde, Contrôle des grands actes.

Après avoir pu établir l'existence de cette porcelainerie, la date approximative de ses débuts et le nom de son directeur par des pièces authentiques d'archive, nous allons maintenant trouver le nom du propriétaire dans *l'Almanach de Commerce, d'Arts et Métiers de la Ville de Bordeaux* (1). On lit dans l'année 1783 de ce recueil et pour la première fois : « Il y a une Manufacture de porcelaine dans les Landes appartenant à M. de Rosly. » Et, en effet, c'est un Rosly qui a signé, comme propriétaire de la fabrique de Pontenx et seigneur de cette terre, le mémoire dont nous allons donner le texte tout à l'heure.

Nous avons essayé d'identifier les Rosly, *alias* Roly ou Rolye (2), propriétaires et seigneurs de cette terre de Pontenx ou Pontens, du pays de Born, qu'il ne faut pas confondre avec Poudenx, autre maison noble des Landes, aujourd'hui petite commune de l'arrondissement de Saint-Sever, canton d'Hagetmau. C'est au comte de Poudenx qu'appartenait en dernier lieu l'ancienne faïencerie de Samadet, comme nous l'avons déjà indiqué dans notre paragraphe consacré à cette manufacture. Nous n'avons pas trouvé grand'chose sur ce Rosly ou Rolly, dans l'*Armorial des Landes* du baron de Cauna (3). Nous y avons relevé seulement qu'en 1592 un Bertrand de Bourbon, écuyer, sieur de Rolly et d'autres lieux, fut témoin dans un mariage et qu'au XVIIIe siècle un Clair Joseph de Barbotan, originaire de Saint-Sever, épousa une demoiselle d'Abbadie d'Arboucave, fille de François d'Abbadie et de dame de

(1) Cet almanach, le premier qui donne les noms et adresses des commerçants et industriels bordelais, a commencé à paraître en 1779 et ce n'est qu'en 1783 que la porcelainerie de Pontenx est mentionnée.

(2) Nous avons finalement adopté l'orthographe Rolye parce que c'est ainsi qu'est signé le Mémoire que nous publions ici.

(3) *Bordeaux*, 1863-1869, 3 vol. in-8°.

Gombaud Rolly. On verra plus loin qu'en 1788 la porcelainerie qui nous occupe appartenait au marquis de Gombault, seigneur de la paroisse de Pontenx.

Ainsi, nous savons dès maintenant qu'il y a eu une manufacture de porcelaine à Pontenx en 1779 et peut-être avant (1), que le propriétaire était M. de Rolye, seigneur de la terre de Pontenx et que le directeur de la fabrique était un nommé Zingernagel, allemand d'origine très probablement. On n'en a jamais autant dit sur cette porcelainerie et les deux seuls auteurs qui ont parlé de ces porcelaines ont ignoré complètement les faits que nous venons d'établir.

Le premier de ces auteurs est A. Jacquemart. Dans ses *Merveilles de la céramique*, livre publié en 1868, il ne parle pas des porcelaines de Pontenx, mais dans son *Histoire de la Céramique* (1873), qui n'est qu'une nouvelle édition augmentée du premier ouvrage, il leur consacre près d'une page. Il a eu connaissance de cette manufacture, sur laquelle il ne peut donner aucun renseignement historique, par la liste nécrologique des fabriques de porcelaine conservée à la Manufacture de Sèvres et sur laquelle on lit, vers 1810, paraît-il : « Pontens (Landes) n'existe plus ». De plus, Jacquemart a pu voir chez un collectionneur bordelais, M. Henri Brochon, avocat, quatre petits bustes représentant les quatre saisons : un vieillard barbu pour l'hiver, une jeune fille pour le printemps, une femme

(1) Au dernier moment M. l'abbé Degert, le distingué directeur de la *Revue*, veut bien nous signaler un article de M. Beaurain paru dans la *Revue de Gascogne* en 1889, « Gentilhommes landais au XVIIIe siècle », dans lequel l'auteur nous apprend, d'après l'état civil de Pontenx, que « le c[te] de Rolye établit à Pontenx une manufacture de Porcelaine en 1773 ». Mais comme le texte de cet état civil ne nous est pas donné, nous ne pouvons, pour ce qui nous concerne, en faire état pour fixer d'une manière certaine l'origine de la manufacture.

aux seins découverts pour l'été et une figure faunesque pour l'automne. Ces bustes, d'une fabrication très habile, révèlent, écrit Jacquemart, l'importance de cette manufacture. Sous les socles on lit : « Ponteinx (*sic*), le 10 juin (ou jouin) 1790. Klein (avec un paraphe). » Ce Klein était-il le directeur de l'établissement ou un des artistes qui y étaient attachés? se demande Jacquemart.

Nous avons vu, par le texte d'enregistrement du 14 juin 1781, que le directeur à cette date, un nommé Zingernagel, cède ses droits dans la manufacture à un sieur Elie Vallète de Saint-Yrieix en Limousin, et il dut abandonner à ce moment la direction de cet atelier. Qui le remplaça alors à la tête de la fabrique? Est-ce ce Vallète ou Klein qui a signé les statuettes ? Nous ne pouvons le dire. Mais il n'était pas d'usage que le directeur d'une manufacture signât les pièces qui s'y fabriquaient, les produits portaient une marque, monogramme ou sigle quelconque et c'étaient les artistes décorateurs, ou modeleurs pour les statuettes, qui apposaient leur signature. Nous croyons donc que ce Klein est l'artiste qui a modelé ces bustes.

Nous avons cherché à savoir ce qu'étaient devenus ces bustes et nous n'avons pu y parvenir. A la vente publique aux enchères de la collection importante d'Henri Brochon, qui a eu lieu à Bordeaux en 1896 et à laquelle nous avons assisté, ces statuettes ne figuraient pas (1). Nous avons alors écrit à un des héritiers pour savoir si la famille n'aurait pas gardé ces statuettes, et il nous a été répondu que l'éminent avocat avait fait cadeau de ces objets de son vivant, mais qu'on igno-

(1) *Collection d'objets d'art ancien... de feu M. Henri Brochon dont la vente aura lieu à Bordeaux les 23 mars et jours suivants...* Bordeaux, 1896, in-8°, av. pl.

rait le nom de la personne à laquelle il les avait donnés.

Les autres auteurs qui ont signalé la manufacture de Pontenx sont MM. le comte de Chavagnac et le marquis de Grollier. Dans leur bel ouvrage sur les manufactures françaises de porcelaine publié en 1906 et que nous avons déjà cité, ces écrivains ne font que rappeler ce qu'a écrit Jacquemart, ils ignorent comme lui le commencement de la fabrique qu'ils placent vers 1788 seulement, alors que nous venons de la voir fonctionner déjà en 1779, et ils nous apprennent qu'ils ont lu dans une pièce manuscrite des Archives de Limoges, que Vanier, directeur de la manufacture de Bordeaux, débaucha en 1789 les ouvriers de la manufacture de Pontenx. En effet, la fabrique de porcelaine de Paludate à Bordeaux était dirigée à cette époque par Michel Vanier. De plus, MM. de Chavagnac et de Grollier nous font connaître une « tasse conique couverte à deux anses, soucoupe trembleuse, entièrement décorée d'un treillis bleu et or, avec la marque : G. Pontenx. » Pour eux la lettre G, doit être l'initiale de l'artiste. Cette tasse-trembleuse fait partie de la collection Dupont.

Mais voici maintenant un troisième document inédit et de premier ordre, et qui non seulement a trait à notre porcelainerie, mais qui va encore nous montrer l'état de cette partie des Landes à la fin du XVIIIe siècle et les efforts que faisaient certains propriétaires pour rendre ce pays plus fertile et plus habitable. Cette pièce, qui est un mémoire adressé au Ministre par l'entremise de l'Intendant de Bordeaux, est bien signée par les propriétaires de la porcelainerie, mais elle n'est pas datée. Seulement, comme ces manufacturiers demandent la franchise pour introduire dans toutes les parties du royaume les produits de leur fabrique, — qui est déjà établie, — ont-ils bien soin de spécifier, on peut placer la rédaction de ce document au commencement de l'installation de cet atelier, c'est-à-dire vers 1780. D'un autre côté, MM. de Rolye font ressortir dans leur demande que leur fabrique de porcelaine ne peut faire concurrence à d'autres fabriques voisines puisque, disent-ils, il n'y en a pas de semblables dans tout le Sud-Ouest : « La fabrique la plus voisine c'est celle de Limoges, écrivent-ils, et elle est éloignée de la terre de Pontens de quarante lieues au moins, il n'en existe ni dans la Guienne ni dans le Languedoc ni dans la Navarre.... » Or, comme la fabrique de Ciboure, dont nous venons de parler, date de 1779, ainsi que nous avons cru pouvoir l'établir, et que celle de Bordeaux a commencé à fabriquer, croyons-nous, vers 1780, on pourrait, à la rigueur faire remonter ce mémoire et, par conséquent, le début de la manufacture de Pontenx, avant 1779: et nous disons à la rigueur, car il pourrait se faire d'un autre côté que MM. de Rolye n'eussent pas connu les nouvelles fabriques de Ciboure et de Bordeaux ou n'en eussent pas parlé afin d'obtenir plus facilement l'objet de leur requête.

Nous allons donner le mémoire en question que nous avons trouvé dans le fonds de l'ancienne Intendance de Bordeaux aux Archives départementales de la Gironde (1) et nous le publions en entier, vu le grand intérêt qu'il présente :

Mémoire relatif a une fabrique de porcelaine établie dans la terre de Pontens, par MM. de Rosli, seigneurs de cette terre.

Les Exposants retirés dans la terre de Pontens se sont occupés

(1) Série C, liasse n° 1766.

à y développer ce germe de zèle patriotique que l'un d'eux avoit montré dans les années où pendant trente ans il a servi le Roi et l'état, et que l'autre avoit puisé dans le sein d'une famille qui avoit toujours cru n'avoir reçu l'aisance que pour la communiquer. Convaincus que le premier devoir de l'homme et du citoyen est de travailler à se rendre utile, ils ont conçu et enfanté des projets qui, par les influences heureuses qu'ils doivent nécessairement avoir, méritent la protection d'un monarque qui se dévoüe en père à tout ce qui peut contribuer au bonheur de ses peuples.

On a sans doute entendu parler des landes de Bordeaux, de cette surface immense qui couverte de sables arides, de bruyères, de pins et d'autres bois de peu d'usage, semble se refuser aux vœux et aux efforts des plus intrépides cultivateurs. Les exposants viennent d'éprouver que rien n'est impossible au zèle et au courage, et que l'amour du bien public réussissoit où tant de fois avoient échoué les spéculations trop resserrées et trop timides de l'intérêt personnel.

Les exposants ont établi des forges dans leur terre, ces forges ont opéré des prodiges d'utilité publique: les bras se sont multipliés dans les environs, les espèces ont circulé; des ouvriers attirés par l'espérance et la certitude de salaires suffisants pour leurs besoins, ont voulu se domicilier dans la terre, ils ont bâti des cases, ils ont défriché leurs petites possessions, peu à peu les espérances et les ressources ont augmenté, des succès inattendus ont produit l'émulation, les défrichements se sont étendus et les exposants ont eu la consolation de voir d'abondantes prairies et des guérets féconds là où leurs auteurs et eux-mêmes n'auroient vû que des déserts incultes et inhabités.

Le succès de cette première entreprise, en a fait imaginer une seconde beaucoup plus importante. Les exposants ont jetté leurs regards sur les diverses provinces de la France et ils ont vu que leur païs étoit le plus avantageusement situé, soit relativement, à l'intérieur du Royaume, soit relativement aux états voisins pour soutenir avec le plus grand succès une fabrique de porcelaine.

Quant à l'intérieur du Royaume, la fabrique la plus voisine c'est celle de Limoges, et elle est éloignée de la terre de Pontens de quarante lieues au moins, il n'en existe ni dans la Guienne, ni dans le Languedoc, ni dans la Navarre et ce n'est qu'en multipliant les frais et les voïages que cette branche de commerce national peut se communiquer d'abord à Bordeaux et de là s'étendre par des chemins de traverse dans les provinces circonvoisines, en sorte que cette marchandise si saine dans son usage, si agréable par sa délicatesse, si commode à tous égards, si utile, ne peut cependant se répandre dans ses provinces qu'avec beaucoup de peine; et ce qui plus rapproché pourroit et devroit peut être devenir la vaisselle commune de chaque famille, rendu trop rare et trop cher par l'éloignement et la difficulté des transports paroit à peine dans quelques familles, plus opulentes ou plus fastueuses que les autres.

Quand aux états voisins, la terre de Pontens se trouve aux portes de l'Espagne, et les exposants osent croire que cette position seule mériteroit de fixer les regards du gouvernement, car le plus grand avantage que puisse se donner une nation sur une autre, c'est de pouvoir multiplier les branches de son commerce d'exportation et de mettre les objets de commodité et de luxe, tellement à la portée de l'étranger qu'il soit comme forcé de se les procurer; qu'il soit du moins invité, par la proximité et le plus bas prix possible. C'est un vrai tribut qu'on impose sur le peuple voisin sans qu'il en coûte autre chose que des superfluités et de l'industrie. On sent assés quelle source abondante de richesses seroit pour tout le païs un pareil débouché.

Cette fabrique, une fois encouragée et bien établie, ne procureroit pas le seul avantage de multiplier dans le païs les espèces et travaüx, l'aisance et les commodités de la vie. c'en seroit le premier produit, mais ce produit se développeroit, s'étendroit de mille manières et les suittes plus éloignées de l'établissement seroient encore les plus intéressantes pour l'état. Ce sont des défrichements successifs, les progrès de l'agriculture dans ce pays trop longtemps abandonné à lui-même, ce seroit une plus grande population; ouvrir de nouvelles routes à l'industrie c'est créer des hommes, et tant qu'on aura des hommes, qu'on ne désespère jamais du sol qu'ils occuperont, ils trouveront bien les moyens de le forcer à les nourrir.

On croit apercevoir aujourd'hui que le grand Colbert, trop occupé de multiplier les manufactures, négligea la première de toutes, la culture des terres; quelques économistes préfèreroient les vues sages de Sully et tous les hommes d'état voudroient qu'on put, dans l'administration intérieure, réunir les grandes idées de l'un et de l'autre ; on voudroit que tout projet économique portât l'empreinte du grand Roy et du Roy père de ces peuples, d'Henry quatre et de Louis-le-Grand.

Le projet d'une fabrique de porcelaine dans les landes de Bordeaux mérite à ce double titre la protection du monarque bienfaisant qui nous gouverne ; il est grand puisqu'il tend à forcer la nature et à rendre l'étranger tributaire en quelque sorte d'un terrain voué à aridité ; il est paternel et sage puisqu'il tend à ouvrir des sources de richesses dans les entrailles desséchées d'un sol naturellement ingrat. Si Colbert eût établi les manufactures dans les provinces dont le climat étoit le plus stérile et eût porté ses secours extrêmes où étoient les extrêmes besoins, les landes de Bordeaux ne seroient pas sans doute aussi riantes que le sont les rives de la Loire et du Rhône, mais certainement elles donneroient des moissons réglées et fourniroient leur contingent des consommations annuelles.

Il semble que depuis longtemps le pays, au centre duquel les exposants ont placé leur laboratoire, indiquoit le projet qu'on vient d'exécuter ; il offroit les plus grandes facilités et promettoit les effets les plus heureux.

Ce terrein abonde en bois blanc, vulgairement appelé vergne (1). Ce bois, presque sans usage pour les besoins ordinaires, étoit à peu près abandonné; il naissoit et croissoit dans des marais immenses, à peine les propriétaires daignoient-ils ramasser celui que les ouragans renversent, en sorte qu'il ne servoit qu'à embarrasser ces marais, à en combler les petits canaux et à intercepter mille petits ruisseaux qui, destinés par la nature à fertiliser la terre, l'énervent au contraire et la convertissent en bourbe aussi malsaine que stérile.

Les exposants ont découvert que ce bois est excellent pour la fabrique de porcelaine, et c'est déjà un très grand avantage que d'avoir connu l'employ de ce qui n'étoit auparavant qu'un poids inutile. Mais un plus grand avantage doit résulter de cette découverte, c'est le dessèchement des marais, c'est la salubrité du climat, c'est du pain substitué à cette bourbe et des productions utiles à de funestes exhalaisons.

(1) C'est le nom qu'on donne dans le Bordelais et dans les Landes à l'aulne.

La fabrique est déjà établie, la porcelaine de Pontens sera toujours sans doute inférieure à la porcelaine de Sèvres, mais celle ci ne devra sa supériorité, les exposants osent le dire, qu'à la supériorité du talent des artistes. Du reste, la nature a tout fait pour l'établissement entrepris à Pontens, une pâte également fine et solide, transparente et moëlleuse, délicate et vive, donnera à la porcelaine de Pontens une célébrité que nulle autre après celle de Sèvres ne pourra mériter.

Les exposants le répètent, ils n'ont point agi, ils ne parlent qu'en citoyens, on croira aisément qu'au moins jusqu'icy ils n'ont point recouvré leurs frais, mais s'ils ont perdu quelque chose comme propriétaires, ils ont tout gagné comme bons françois, ils ont contribué à multiplier, pour d'autres, les sources de la vie, ils ont mis l'aisance parmi leurs censitaires et introduit le commerce, l'industrie et la culture dans un climat afriquain.

C'est donc encore en citoyens qu'ils solicitent pour leur entreprise la protection et les faveurs du gouvernement. Le droit d'introduire partout la porcelaine de Pontens tient à l'équité naturelle; la politique a voulu diriger elle même le commerce de ces objets de luxe et de commodité, les exposants aplaudissent de grand cœur aux vues toujours sages du gouvernement et ils espèrent d'obtenir, ce que d'autres fabriques moins intéressantes ont obtenu, la facilité d'introduire cette porcelaine dans tout le Royaume.

Cette faculté ne peut nuire à aucune fabrique, les autres sont si éloignées qu'il est très dificile qu'elles éprouvent aucun préjudice d'une concurrence qui ne se réalisera guères que dans le droit de vendre également partout.

Nous oserions même dire que cette concurrence ne pourroit que contribuer à augmenter le débit de chaque fabrique. En effet, on connoit à quel point est fondée entre tous les citoyens l'émulation et la rivalité du faste; qu'une famille se soit donnée un objet de luxe et d'agrément, aussitôt la famille voisine veut se le donner aussi, en sorte que plus la porcelaine se répandra et plus on s'empressera d'en acheter, il ne faut pas être grand spéculateur pour prévoir le moment où la porcelaine sera, comme on l'a dit déjà, la vaisselle commune.

Mais d'ailleurs, quand quelqu'autre fabrique pourroit y perdre quelque chose, que l'on pèse donc cette perte modique d'un entre preneur particulier avec les avantages immenses que doit produire dans tout un pays l'entreprise des exposants. Si la nation perd cent livres par an à Limoges, à Paris, etc., que lui importe si d'ailleurs elle gagne 10,000 livres dans les Landes ?

Depuis plus de cent ans on cherche les moyens de les défricher et de les mettre en culture ; ce moyen est trouvé, c'est d'y placer des fabriques, les exposants osent espérer que celle qu'ils ont introduite et dont les effets sont déjà si encourageans obtiendront de Sa Majesté ce regard bienfaisant et créateur qu'elle a promis à tout ce qui pourroit augmenter le bonheur et l'aisance nationale,

Le Ministre protecteur des arts, protecteur de cette province, daignera envisager les projets des exposants de cet œil bienfaisant et philosophe qui l'a conduit à réunir en un seul les deux sistèmes opposés de Sulli et de Colbert; en favorisant une manufacture d'artistes il favorisera un projet d'agriculture. Colbert plaça les manufactures dans les provinces naturellement fertiles, on y négligea les produits fonciers pour courir aux produits d'industrie ; Monsieur de Bertin a créé des fabriques dans le Limousin et dans d'autres provinces peu favorisées de la nature et l'industrie y a multiplié les cultivateurs : il faudra bien qu'on cultive les Landes si l'on y introduit, si l'on y retient des consommateurs.

Les exposants osent conjurer Monsieur l'Intendant qui connait personnellement leurs vues et leurs projets, leurs entreprises, les moyens qu'ils ont employés, leurs premiers succès, leurs espérances, en un mot les besoins et les ressources du pays, de vouloir joindre ses sollicitations à celles des exposants et apuyer de son crédit une demande qui, on ose le dire, est celle du climat même qu'on veut fertiliser. Signé : De Rolye (1).

Ce très intéressant mémoire est bien signé par les propriétaires de la manufacture de Pontenx, mais une note marginale nous fait savoir que la rédaction est due à Duranthon, avocat bordelais très consulté. C'est pour cela que la forme de ce mémoire est irréprochable et nous repose un peu de celle des documents que nous

(1) On voit comme il est difficile d'établir la véritable orthographe des noms patronymiques. Ainsi le titre du mémoire porte « par MM. de Rosli » et la signature est « De Rolye ».

avons produits, redigés d'après le formulaire banal du parfait fonctionnaire.

Jacques Duranthon, ancien jésuite, après avoir été avocat à Bordeaux, fut nommé ministre de la justice en juillet 1792, ce qui lui valut les honneurs de la guillotine. Traduit devant la Commission dite militaire de de Bordeaux, présidée par le sinistre Lacombe (1), le Fouquier-Tinville bordelais, le 19 décembre 1793, il fut jugé et condamné à mort sans appel et exécuté le même jour sur la place dite nationale, aujourd'hui et jusqu'à nouvel ordre place Gambetta (2). Duranthon était né à Mussidan, il était âgé de soixante ans. Ce fut un jurisconsulte de quelque valeur. Louis XVI l'appelait familièrement « le bonhomme Duranthon ». Mais il était très dangereux à ce moment d'être un

(1) Cet ignoble personnage à la figure de vautour (son portrait existe), maître d'école à Toulouse où il était né, et condamné plusieurs fois pour escroqueries avant la Révolution, avait été choisi par la Convention pour terroriser Bordeaux. Il s'acquitta de son mandat en toute concience. Son tribunal, qui n'avait de militaire que le nom, se composait de gens tarés qui s'étaient affublés pour la circonstance de grands sabres, de chapeaux à plumes gigantesques, de bottes à l'écuyère et de la fameuse ceinture rouge qu'on a revue depuis, en 1848 et en 1871. Ce tribunal infâme a fait tomber, en neuf mois, 301 têtes (chiffre officiel), dont celles de trente vieillards de 75 à 80 ans et de jeunes filles de moins de vingt ans. Statistique édifiante : sur 35 prêtres ou religieux arrêtés, 30 furent exécutés, sur 26 religieuses, 24 exécutées, sur 51 ci-devant nobles, 49 exécutés, sur 39 magistrats, 37 exécutés, sur 35 hommes de loi, 30 exécutés et 171 comédiens arrêtés furent tous acquittés ! De plus, on préleva sur les biens confisqués des victimes riches trois millions d'amendes dont un million fut attribué aux Sans-Culottes et un million et demi à la construction d'un hospice qui ne fut jamais construit, les fonds ayant été dilapidés par les soi-disant patriotes. Le député Lecointre a pu dire, en pleine Convention (séance du 9 frimaire an III) que la Commission militaire de Bordeaux a commis presque autant *d'assassinats juridiques* qu'elle a prononcé de jugements. » (Voir : *Histoire de la Terreur à Bordeaux par Aurelien Vivie*, chef de division à la Préfecture de la Gironde, Bordeaux, 1877, 2 vol. in-8°)

On peut dire que le Tribunal révolutionnaire de Bordeaux est une des plus belles perles de la couronne de ce régime qu'il faut admirer, paraît-il, en bloc, sans aucune restriction.

(2) D'après une statistique récente plus de huit cents rues ou places de villes de France, sans compter l'Algérie et les colonies, porteraient le nom de Gambetta. Après l'Aigle de Cahors ce seraient Thiers et Victor Hugo dont les noms seraient le plus répandus le long de la voirie.

brave homme, le Roi en a fait lui-même la triste expérience.

La porcelainerie de Pontenx a donc fonctionné régulièrement, à notre connaissance du moins, de 1779 à 1790, la tasse-trembleuse que nous avons signalée avec la marque de cette fabrique porte cette dernière date. Mais la manufacture des de Rolye nous donne encore signe de vie par une autre pièce des archives de la Gironde. Dans un rapport du subdélégué de Bordeaux à l'Intendant sur les bouches à feu ou hauts-fourneaux de la région, daté du 29 mai 1788, on lit : « J'ai à parler aussi de la forge de Pontens et de la manufacture de porcelaine que le marquis de Gombault, seigneur de cette paroisse, y entretient. Ces deux usines n'emploient que du bois du païs ».

En dehors de la date précise qu'il nous donne, le passage du rapport du subdélégué a son importance parce qu'il nous apprend qu'en 1788 ce n'étaient plus les de Rolye qui étaient propriétaires de la porcelainerie de Pontenx et seigneurs de la terre de ce nom, mais le marquis de Gombault. On a vu plus haut, qu'en cherchant la généalogie des de Rolye dans l'*Armorial* des Landes, nous avons trouvé une dame de Gombaud-Rolly. Il ne faut donc pas s'étonner que ce soit maintenant un de Gombault qui, par alliance ou héritage, soit devenu propriétaire de la terre de Pontenx et de la porcelainerie. Nous n'avons pas d'ailleurs l'intention de nous perdre dans la généalogie très compliquée des de Gombault, Gombaud ou Gombaut, l'orthographe de ce nom est encore très variable, et nous renverrons nos lecteurs à l'excellent *Armorial du Bordelais* de notre collègue M. Pierre Meller (1) qui donne pour les Gom-

(1) Bordeaux, 1906, 3 vol. in-4°.

bault cinq branches différentes. Dans la première, qui s'étendait sur le Bordelais, l'Albret, le Bazadais et le Libournais, nous rencontrons un baron de Pontus — ne serait-ce pas plutôt Pontens ? — et un Rollye (Lannes). C'est donc à cette branche qu'il faut rattacher les de Rolye et de Gombault, seigneurs de Pontenx, propriétaires de notre porcelainerie.

Nous ne pouvons dire à quelle époque exacte la manufacture de Pontenx a éteint ses fours; la liste nécrologique de Sèvres nous dit bien qu'elle n'existait plus en 1810, mais nous croyons qu'elle a cessé de fabriquer bien avant cette date. Comme beaucoup d'industries, elle a dû être victime de la tourmente révolutionnaire et, de plus, de la concurrence des nombreuses fabriques qui ont été créées à Limoges et à Paris, après que la liberté eut été accordée à ce genre d'industrie. Ces nouvelles porcelaineries montées avec de gros capitaux, au courant de tous les procédés et à proximité des principaux gisements de kaolin, ont fait aux anciens ateliers de second ordre, comme ceux de Pontenx et de Bordeaux, une concurrence telle qu'ils ont été obligés de fermer leur porte. Mais, quoi qu'il en soit, la porcelainerie des Landes, dont nous nous occupons, a fabriqué régulièrement pendant plus de dix ans et il a bien dû sortir de ses fours des produits quelconques. Or, ces produits ne sont pas connus, et, en dehors des statuettes et de la tasse-trembleuse que nous avons signalées, on n'a jamais cité les porcelaines de Pontenx. Il peut se faire que ces porcelaines portent des marques qui n'ont pu être encore identifiées ou qu'on a attribuées à d'autres fabriques. Il existe de nombreux ouvrages donnant les marques et monogrammes des porcelaines françaises et étrangères, mais les auteurs de ces publications se sont attachés surtout, comme pour les faïences, à faire connaître les marques des grandes manufactures, et ils ont négligé les fabriques provinciales de second ordre, cherchant à satisfaire les collectionneurs, les amateurs et les antiquaires plutôt que les érudits qui s'occupent de l'histoire générale de la céramique. Même dans le dernier ouvrage qui a paru sur les manufactures françaises (1) et qui donne plus de quinze cents marques différentes, on ne trouve pas les marques bien définies des porcelaines de Pontenx, de Bordeaux ou de Saintes où il a existé au XVIIIe siècle une porcelainerie qui n'a jamais été encore citée.

On rencontre assez souvent dans la région bordelaise, dans les anciennes familles de ce pays, des porcelaines dures de bonne qualité ressemblant aux porcelaines de Paris, celles dites *à la Reine* par exemple (2), et portant comme marque deux V croisés peints en bleu sous couverte. Cette marque, ayant été appliquée au pinceau et non à la vignette, n'est pas toujours la même, elle est plus ou moins petite et suivie ou non d'un point. Demmin, dans son *Guide de l'Amateur* (3), l'attribue sans hésiter à Vaux, une fabrique du XVIIIe siècle située près de Meulan dans la Seine-et-Oise.

(1) De Chavagnac et de Grolier, *op. cit.*

(2) La porcelaine dite *à la Reine* se fabriquait dans une manufacture établie dès 1775, dans la rue Thiroux, à Paris, quartier de la Chaussée-d'Antin, sous le patronage de la reine Marie-Antoinette dont l'initiale A timbrée de la couronne royale servait de marque. C'est dans cette fabrique que se fit pour la première fois le joli décor appelé d'abord décor à la Reine, puis décor aux barbeaux, et se composant de semis de bluets ou barbeaux. Certains amateurs ou antiquaires-experts écrivent *Barbot,* prenant le Pirée pour un homme et croyant que ce charmant décor employé encore de nos jours est dû à un nommé Barbot, artiste-décorateur ou porcelainier.

(3) *Guide de l'Amateur de faïences et de porcelaines* par Auguste Demmin, *4e édition,* Paris 1873, 3 vol. in-12.

Jacquemart, (1) après avoir fait la même attribution, la donne ensuite à la manufacture de Bordeaux. Enfin, le dernier ouvrage paru sur la matière, celui de MM. de Chavagnac et de Grolier (2), croit pouvoir l'attribuer à Vaux; « on retrouve dans ces deux V croisés, ajoutent ces auteurs, les quatre lettres du mot Vaux ». A notre avis, cette marque n'est pas celle de la porcelaine de Bordeaux ; nous expliquerons pourquoi dans la monographie de cette manufacture à laquelle nous travaillons. Est-elle celle de Vaux ? Mais cette fabrique n'a duré que peu de temps et comment se fait-il alors qu'on trouve beaucoup de ces porcelaines à Bordeaux, qui est très loin, plutôt qu'ailleurs? Est-ce alors la marque de Pontenx ? Ce n'est pas probable non plus, car ces deux lettres ne se rapportent ni au nom de la localité ni à ceux des propriétaires; mais, comme on trouve beaucoup de ces porcelaines dans le pays, nous le répétons, que, d'après nous, elles ne sortent pas de l'atelier bordelais et que, d'un autre côté, la fabrique de Pontenx est la seule qui ait existé à cette époque dans la contrée avec celle de Bordeaux, on pourrait à la rigueur appliquer cette marque aux deux V croisés à la fabrication landaise.

Une autre marque qu'on rencontre encore tout aussi souvent, à Bordeaux et aux environs, que celle dont nous venons de parler, est formée de deux flèches légèrement croisées dans le bas et peintes en bleu sous couverte. Cette marque, ayant été elle aussi appliquée au pinceau et non à la vignette, est de forme très irrégulière, et on peut la confondre avec d'autres, notam-

(1) *Histoire de la céramique*, 1873, *op. cit.*
(2) *Histoire des Manufactures françaises de porcelaine*, 1906, *op. cit.*

ment avec celle de Locré (1), représentant deux épis, et cette confusion a été faite par tous les écrivains céramistes. Or nos flèches ne sont pas des épis, elles n'ont dans le haut qu'un trait de chaque côté, tandis que l'épi de Locré a plusieurs traits représentant les barbes de l'épi. Nous sommes le premier à signaler cette marque. Cependant, Jacquemart, en parlant des porcelaines bordelaises, dit qu'on lui a signalé cette marque, qu'il qualifie *aux deux épis*, comme étant celle de Bordeaux, mais qu'il ne la connaît pas. On a prétendu en effet que cette marque appartient à la manufacture bordelaise de Paludate qui l'employait sur certaines pièces qu'elle faisait vendre pour du Saxe, cette marque aux deux flèches pouvant être confondue avec celle des porcelaines allemandes aux deux épées. Mais la confusion n'est guère possible, les deux marques étant tout-à-fait différentes. Quoi qu'il en soit, ces porcelaines portant ces deux flèches se rencontrent très souvent à Bordeaux et dans la région, chez les marchands d'antiquités comme dans les anciennes familles, et c'est pour cela qu'elles pourraient avoir été fabriquées dans le pays, soit à Bordeaux, soit à Pontenx, les deux seules manufactures de la région à cette époque.

Ce qu'il y a de sûr c'est que la fabrique de porcelaine de Pontenx a existé au moins de 1779 à 1790, et si elle a fonctionné régulièrement pendant cette durée de

(1) Manufacture fondée en 1771 par Locré de Roissy, dans la rue Fontaine-au-Roy, à Paris. Les porcelaines de la rue de la Roquette, fabrique créée en 1774 par Vincent Dubois, portent aussi une marque qui ressemble à celle de Locré : ce ne sont pas deux épis mais deux flèches a plusieurs barbes, et Dubois avait adopté cette marque parce qu'il avait établi sa manufacture dans l'ancien hôtel des Arbalétriers, corporation parisienne dont il avait été le syndic. (Voy. Demmin, Jacquemart et de Chavagnac et de Grolier, qui n'ont pas pu, il nous semble, identifier les produits de ces deux fabriques).

temps, il a dû sortir de ses fours de nombreuses pièces de porcelaine dure qui sont de la même qualité que toutes celles qu'on produisait à cette époque, comme celles de Paris, de Limoges ou de Bordeaux. Ces fabriques copiaient toutes plus ou moins les bonnes porcelaines de service de Sèvres et de Saxe. Elles en imitaient les formes et le décor, et la pâte était de première qualité, très blanche et translucide, le kaolin employé étant pris dans les carrrières de Saint-Yrieix, en Limousin, et n'ayant pas encore subi toutes les sophistications de la chimie moderne.

* * *

Les documents que nous venons de publier sur quelques faïenceries et porcelaineries de la Gascogne au XVIIIe siècle, en les accompagnant de notes et de commentaires, ont fait connaître des ateliers céramiques de cette contrée absolument inconnus jusqu'à présent, comme les faïenceries de Bayonne, de Saint-Maurice et de Ligardes et les porcelaineries de Ciboure et de Pontenx, ont donné des détails complémentaires sur la manufacture de Samadet en Chalosse et enfin nous ont appris pour la première fois qu'à une époque où tout le monde en France cherchait des gisements de kaolin pour la fabrication de la porcelaine dure, des explorations très intéressantes avaient été faites dans ce but aux environs de la ville de Dax, mais sans amener aucun résultat.

La manufacture de Samadet est maintenant parfaitement connue, grâce aux écrits de plusieurs auteurs, et ses produits ont été décrits d'une manière définitive. Il n'y a plus rien à savoir au sujet des recherches de kaolin dans la région dacquoise, les lettres du chimiste Macquer et le journal de voyage de Millot, le contre-maître de Sèvres, dont nous avons donné des extraits, nous ont mis au courant de toutes les péripéties de cette campagne, mais il y aurait lieu de compléter les renseignements que nous avons fournis sur certaines fabriques de faïence et de porcelaine. Ce n'est que sur les lieux, dans quelques dépôts publics ou dans des archives de famille qu'on pourra arriver à trouver de nouveaux documents sur ces ateliers peu connus, à reconnaitre exactement leur emplacement, à identifier leurs produits.

Et il est certain que les recherches auxquelles on pourra se livrer au sujet des fabriques que nous avons signalées en feront découvrir d'autres qui n'ont laissé aucune trace dans les archives où nous avons travaillé. Les érudits savent bien que c'est toujours au cours de recherches sur un sujet quelconque qu'on rencontre des documents parfois fort intéressants sur un tout autre objet que celui dont on s'occupe. C'est ainsi qu'en dépouillant les dossiers de certains dépôts publics pour découvrir des documents relatifs aux faïenceries bordelaises, nous avis mis la main sur ceux qui concernent des ateliers de la Gascogne et que nous publions aujourd'hui.

Que dans chaque région les érudits, les collectionneurs, les conservateurs de musée se mettent en campagne et essaient de découvrir des documents sur les anciens ateliers céramiques dans les archives publiques des départements et des communes, dans les anciens registres paroissiaux, dans les études des notaires. Qu'ils publient le plus tôt possible dans les périodiques provinciaux les résultats de leurs recherches quels qu'ils soient, et, lorsque tous les centres céramiques auront été bien établis d'après des pièces d'archive authentiques, les grands écrivains céramistes parisiens pourront alors se livrer à leur synthèse de prédilection, se servir de nos travaux, même sans nous nommer, comme cela leur arrive assez souvent, et nous donner enfin l'histoire complète de la céramique française :

Travaillez, prenez de la peine,
C'est le fonds qui manque le moins.

Index des Noms

Les noms de lieux sont imprimés en italiques

Table des Matières

www.ingramcontent.com/pod-product-compliance
Ingram Content Group UK Ltd.
Pitfield, Milton Keynes, MK11 3LW, UK
UKHW020321180726
13839UKWH00002B/507